如是
敦煌

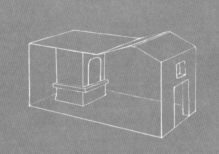

陈海涛 陈琦 著

圖說敦煌
二五四窟

生活·讀書·新知 三联书店

莫高窟前的
宕泉河

从三危山
远眺莫高窟崖壁

254窟
外景

254窟
内景

"敦煌研究院学术文库"编委会

主编
樊锦诗

编辑委员会
（以姓氏笔画为序）

马　德　王旭东　王惠民　李正宇
苏伯民　张元林　张先堂　杨富学
罗华庆　赵声良　娄　婕　侯黎明
梁尉英　樊锦诗

"敦煌研究院学术文库"总序

敦煌学从研究对象来说,主要包括三个方面:一是从藏经洞出土的古代文献(也称为敦煌文献、敦煌遗书)及其他文物,二是敦煌石窟,三是敦煌及丝绸之路的历史文化。

1900年敦煌莫高窟第17号洞窟(后被称为"藏经洞")所藏的数万卷古代文献及纸本、绢本绘画品始见天日,这是人类文化史上的重大发现。由于清政府的腐败,未能采取有效的保护措施,致使这些珍贵的文化遗产大部分流落海外。在其后的数十年里,敦煌文献受到世界汉学研究者的关注,很多学者投身于敦煌文献及艺术品的研究。敦煌文献包罗万象,涉及古代政治、经济、文学、语言学、科学技术等领域,一百余年来,有关敦煌文献的研究著作可以说汗牛充栋。"敦煌学"这一名称也源于对敦煌文献的研究。而随着对敦煌文献研究的深入,必然需要对敦煌本地历史、地理及相关遗迹进行调查研究。敦煌位于丝绸之路中西文化交流的要道,敦煌的历史又与中国西部发展,特别是丝绸之路发展的历史相关联,因而,对敦煌与丝绸之路历史文化的研究,也成为敦煌学的一个重要方面。对敦煌石窟的研究相对较晚,虽然法国人伯希和于1908年对敦煌石窟做过编号,并对洞窟内容做了详细记录,1914年俄国奥登堡探险队也对莫高窟做过测量和记录,但伯希和除了上世纪30年代在法国出版过图录外,他的《敦煌石窟笔记》迟至上世纪80年代以后才正式出版,而奥登堡探险队的洞窟测绘记录则到了上个世纪末才由中国上海古籍出版社出版。由于敦煌地理位置偏远,在过去交通不便的情况下,到敦煌石窟的实地考察很难实现。当伯希和出版了敦煌石窟图录后,日本学者松本荣一据此写成了第一部敦煌图像考证的专著《敦煌画の研究》(1937年出版),但作者却一辈子没有到敦煌石窟做过实地考察。1944年,敦煌艺术研究所成立,以常书鸿先生为首的一批研究人员在极其艰苦的条件下,开始对敦煌石窟进行系统

的保护和研究工作。1950年，敦煌艺术研究所更名为敦煌文物研究所，除了美术临摹与研究外，还加强了石窟保护工程的建设，并开展了考古研究工作。1984年敦煌文物研究所扩建为敦煌研究院，增加了研究人员，并在石窟的科学保护、石窟考古、石窟艺术以及敦煌文献研究方面形成了较为集中的研究力量，取得了很多重要的成果。

进入21世纪以来，敦煌学的发展面临着新的机遇与挑战。敦煌莫高窟作为世界文化遗产地，其石窟的保护与研究工作受到国内外学术界的普遍关注。国家不断投入资金，支持敦煌学研究事业，国内外友好人士也给予广泛的援助。敦煌研究院与国内外学术机构的合作与交流也不断发展。可以说敦煌学研究工作进入最好的时代。近年来，敦煌研究院的研究人员在老一辈专家学者开创的道路上继续奋进，并在敦煌学的各个领域取得了令人振奋的研究成果。不少研究人员陆续获得国家社会科学基金项目以及省部级学术研究项目的立项，敦煌研究院也设立了院级学术研究项目，加大了对学术研究资助的力度。

为了让新的研究成果尽快出版，以推动敦煌学研究事业，我们决定持续地编辑"敦煌研究院学术文库"，遴选出能代表本院学术研究成果的著作，陆续出版。"敦煌研究院学术文库"以推动敦煌学研究为宗旨，所收的著作，要在敦煌学及相关领域的研究上具有创新性、开拓性，在研究方法上具有启发性，对敦煌学研究产生积极的影响。

敦煌研究院将创造更好的学术环境，努力推动世界范围内的敦煌学研究持续向前发展。

目 录

引言 /19

第一章
背景：敦煌的艰难岁月 /24
    1. 一场发生在北魏时期的朝堂议辩 /26
    2. 公元 5 世纪前后敦煌的历史与地理 /28
    3. 莫高窟的修建与禅观 /32

第二章
南壁：萨埵太子舍身饲虎 /42
    1. 舍身饲虎的故事与图像 /49
    2. 局部一：发愿救虎 /56
    3. 局部二：刺颈跳崖 /64
    4. 局部三：虎食萨埵 /70
    5. 局部四：亲人悲悼 /80
    6. 局部五：起塔供养 /92
    7. "势"之运行 /102

第三章
北壁：尸毗王割肉贸鸽 /106
    1. 割肉贸鸽的故事与图像 /113
    2. 局部一：试炼与考验 /118
    3. 局部二：眷属的劝挽 /128
    4. "势"之相合 /134

第四章
南壁：释迦降魔成道 /136

1. 降魔成道的故事与图像 /143
2. 局部一：释迦 /146
3. 局部二：魔众 /150
4. 局部三：魔女 /172
5. "势"之抗衡 /178

第五章
整窟：禅观的精神 /180

1. 中心塔柱 /186
2. 千佛 /196
3. 列龛 /204
4. 天宫、天顶 /208
5. 禅修 /216

第六章
结语：风云时代的254窟 /218

1. 北魏时代的敦煌与南朝美学的关联 /220
2. 从254窟壁画艺术看时代美学范畴 /224

附录1
一座石窟的开凿过程 /236

附录2
《舍身饲虎》的颜料分析 /242

后记 /244

敦煌莫高窟

254 窟

254 窟全景漫游

引 言

  敦煌莫高窟被誉为人类文化艺术的宝库，这里保存了自北凉到元代（4—14世纪）绵延一千余年的石窟艺术，中华、印度、希腊、伊斯兰等几大文明在此交融碰撞，历代虔诚的僧侣、供养人与匠师团队为它倾尽心血。漫长的时间、广阔的空间与善巧的心灵共同作用，形成了这座集壁画、彩塑、石窟建筑于一体的文化艺术殿堂。

  时至今日，敦煌仍有四百九十二座石窟保留有壁画及彩塑，它们集中分布在敦煌市往东南方向二十五公里，三危山与鸣沙山之间、宕泉河边一片平整的长一千七百余米、高三十余米、坐西朝东的山崖上。为了对应方便，研究人员为每座石窟都指定了编号。每年有百余万游客不远万里来到这里旅游参观，希望一睹古代石窟艺术的风采。在敦煌研究院讲解人员的引导下，一队队游客被分组带到窟区，在崖壁蜿蜒的栈道上往来穿梭，时而会在一扇紧闭的窟门前驻足。窟门平时都是关闭的，只有当解说员用钥匙将锁打开时，观众才有机会深入到洞窟中一探究竟。入口处相对窄小，但走进一看呢，真是来到另一个世界。洞窟内的空间往往比从外面看到的要大得多，有的像一个长方形的走廊，有的像一个宽敞的大厅，有的前后左右带有套间，有的还有四方塔柱，人可绕行。再往上看，窟顶也各有不同，有的是平顶，有的是穹顶，有的是四坡顶，有的还结合了人字披顶。环顾四周，与窟外满眼单调的黄色砂石岩壁形成鲜明对比，窟内从下到上、从四壁到建筑构件都布满了装饰。由于修建时代和修建者不同，每座石窟形成了不同的色调，有的是土红色调，有的是石青色调，有的是石绿色调，也有的是年久氧化变色后的暗郁灰色调，而在整体的色调下，又尽是生动细腻的色彩搭配变化，让现代专业的美术家、设计师也连连称绝；每座窟内又充满了丰富的图案和形象，有佛，有菩萨，有神兽，有人，有动植物……众生以不同的方式组织穿插在一起，在荒凉寂静的幽暗洞窟中化现出一幅幅蕴含灵性与生机的画面。被眼前这一切所震慑的观众，在惊叹之余，或许也会感到有些茫然无措，面对铺天盖地的图像，眼睛不知该从哪里看起，该如何去欣赏、理解这些图像的含义。它们为何出现在这里？描绘了什么？又想向观众传达怎样的信息？人们不禁想要去解开这些千百年来留下的谜题。

如果要把这四百九十二座石窟都带领大家看一遍，那真是项太艰巨的任务，远远超出了一本书的容量和我们的能力。这本不厚的小书希望做到的，是特别引导读者走进其中的一座石窟，让我们的目光定下来，静静地、仔细地去欣赏一铺壁画，进而可以有序地循着古代画师的营造方式去观看同一石窟内的其他两铺壁画，再进而能够与窟内的其他图像、塑像结合起来，理解它们的整体意涵和主题。我们希望，通过这样一个有代表性的例子，可以超越一般常见的知识性介绍，使读者和观众更深层次地领会这些纷繁图像背后的精神与思想，更具体地体验到敦煌石窟的创建者构思每座石窟时的匠心和意图，我们深信，这些正是莫高窟留给后世的最宝贵的财富。

我们将要选出的，是修建于北魏时期的第254号洞窟。它正处于崖壁中间，采光良好，受流沙与潮湿影响较小。在它周围，分布着莫高窟修建时代较早的一批洞窟，著名的北凉275窟就在其北面不远处。由此可见，这一带也是被最初的营建者所相中的黄金位置。由于年代久远、保存完整、艺术价值珍贵，254窟很少对公众开放，希望通过这本小书，通过我们的讲解和描述，可以使您领略它的精粹。

推开窟门，首先映入眼帘的是一尊庄严伟岸的交脚佛像，他稳坐在中心塔柱正面的圆券龛下，面朝东方。清晨初升的阳光透过门楣上方的明窗，正好照落在他的身上，也使得整窟前室的光线比其他窟更明亮，而且

（右页图）
254窟内景

散发出深邃的蓝紫色调。高敞的窟内空间布满各类图像：前室南北两壁的中下段，绘有四铺表现释迦本生、佛传故事的精彩壁画；中上部的阙形龛、列龛里塑有犍陀罗风格的禅修佛像；环绕四壁，绘满排列整齐、榜题名号的千佛形象；中心塔柱除了正面的主尊，其余三面都是双层龛，也塑有佛像及菩萨像；后室窟顶绘有平棋藻井，前室的人字披顶则利用竖条形的分割，绘制了三十四位天人菩萨，每人手中都持有一支曼妙的植株。其他还有天宫伎乐、地神、说法图、白衣佛等，几乎所有的空隙都填满图像，仿佛要在有限的空间里容纳下一个宇宙。

敦煌壁画在现代印刷品中往往被单独截取，实际上它们当年都不是纯粹为了审美目的创作，而是与整窟的建筑、塑像和图像共同作用，构成一座佛教宣教修行的殿堂。本书主要解读的一铺壁画——《萨埵太子舍身饲虎图》，就位于254窟南壁中段，它被公认为中国美术史上的一件绝世佳作。不过很可惜，关于它的作者和具体的创作背景，都已随着大漠黄沙湮没在历史中，最多也只能根据目前有限的资料来冒昧揣测。但这并不妨碍艺术本身强大的感染力，无数观众为之动容，张大千、常书鸿、董希文等许多著名艺术家，都曾在这幅作品前潜心临摹。一千五百年前的画师，是如何以他真挚深沉的情感和高超的技艺，紧紧抓住观众的目光，进而深深地触动人心？他通过画面想要表现怎样的内容？这幅壁画与整窟其他的丰富图像又有着怎样的联系？它们是在怎样的情境中被组织在一起？这些都是我们将要去探讨的话题。

在进入画面的具体分析之前，有一点需要特别提请读者注意：敦煌的艺术与它的历史、文化密不可分，若能不局限于目光所见，增加对古老文明的感受和理解，那么这些流传千年的遗迹便不再缄默，从而开始它独特的诉说。因此，为了更好地认识理解这铺壁画和这座洞窟，让我们做好准备，穿越时光隧道，去开启一场心灵的探寻旅行……

(左页图)
常书鸿摹《舍身饲虎》壁画(局部)

第一章

背景

敦煌的艰难岁月

对于敦煌百姓而言，
莫高窟是奇迹的化身，
是他们重要的精神寄托。
一泓清泉划开死寂的戈壁，
为莫高窟带来了生命的契机。

一场发生在北魏时期的朝堂议辩

　　北魏延兴四年（474）的秋七月，敦煌进入了最艰难的时刻。

　　四千余里外首都平城（今山西大同）的朝堂中，正进行着一场激烈的辩论，一位尚书省的官员正心怀畏惧地陈述着北魏面临的边境压力。帝国的劲敌——北方草原上呼啸而来的柔然骑兵正在乘隙发起对北魏的进攻，目标是一切可以带走的财产。他们活动的地域东起外兴安岭，西接今日的新疆哈密，北逾今俄罗斯境内的贝加尔湖。他们强悍无比，即使是由北魏最精锐的边镇军所重点拱卫的首都，也曾险些被柔然骑兵攻入，而那些北魏西部的边陲城镇，在漫长的防线上更是难以得到外界援手，每个边镇都要为了安危存亡，各自为战。

　　敦煌——这个地处北魏版图最西端的城市，更是这糟糕时局中的晦暗所在。势如破竹的柔然骑兵将西域诸国逐次征服，使得敦煌的西部和北部都直接暴露在它的攻势面前。而南面青海高原的吐谷浑部族也随之蠢蠢欲动，敦煌可以说是腹背受敌。在朝廷大员们的心目中，当首都尚需集全国精锐之师才能得以保全之时，这个偏远又摇摇欲坠边疆城市，似乎并不值得维系一条漫长的补给线去奋力保卫。

　　这位尚书省官员擦拭着额头上的汗，建议放弃敦煌，迁空百姓，把它变成荒无人烟之地，扔给胃口大开的柔然，然后将边境后撤至一千六百余里外的凉州（今甘肃武威），以求彼此相安无事。群臣均以此为然。

　　这时，一位名叫韩秀的官员起身反对。韩秀指出："敦煌的历史由来已久，虽然地处强寇之侧，但兵卒与百姓都早已适应了这种危机状态。纵然不断遭受骚扰侵夺，但都没有对敦煌构成根本危害。敦煌只需按照常规部署兵力，就可以保护自己，而且进可以阻断柔然东进的道路，退可以打消青海吐谷浑对河西地区的觊觎之心。如果放弃敦煌，则有可能触发柔然与吐谷浑势力的合作，使河西走廊危机重重，关中长安不能安枕，北魏边防将永无宁日。"他这番话力挽狂澜，申明了敦煌的重要性，使得朝廷决

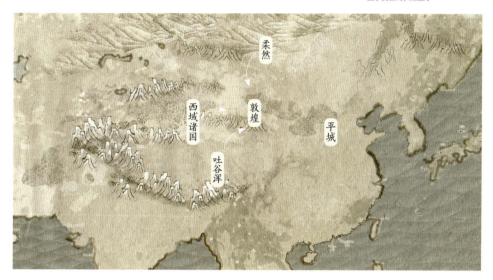

敦煌局势图
北魏最精锐的部队驻守于平城六镇，拱卫首都。而敦煌扼守着西域、北方草原与南方的青海高原三个方向，是丝绸之路的咽喉要道，在北魏时期也一直承受着战争的压力

定暂不放弃敦煌。韩秀此时的官位不高，仅为从六品的给事中，但他这段卓有见地的申辩却令他在《魏书》与《资治通鉴》中青史留名，也使敦煌文明的脉搏没有就此戛然而止。❶

但即使智慧如韩秀者，也未必能完全预料敦煌的未来。敦煌的命运，还要看敦煌民众的意志与行动。

边庭飘摇，绝域苍茫。首都这场决定敦煌生死存亡的辩论，那些敦煌父老当时或许并不清楚，他们此刻正负戈在烽燧上巡逻，或抢在战争的间隙到田间收割。在以寡敌众的作战中、在孤立无援的坚守中，有一种力量让他们顽强地相信未来……

❶ "延兴中，尚书奏以敦煌一镇，介远西北，寇贼路冲，虑或不固，欲移就凉州。群官会议，佥以为然。秀独谓非便，曰：'此蕞国之事，非辟土之宜。愚谓敦煌之立，其来已久。虽土邻强寇，而兵人素习，纵有奸窃，不能为害，循常置戍，足以自全。进断北狄之觇途，退塞西夷之窥路。若徙就姑臧，虑人怀异意。或贪留重迁，情不愿徙，脱引寇内侵，深为国患。且敦煌去凉州及千余里，舍远就近，遥防有阙。一旦废罢，是启戎心，则夷狄交构，互相来往。恐丑徒协契，侵窃凉土及近诸戍，则关右荒扰，烽警不息，边役烦兴，艰难方甚。'乃从秀议。"史见《魏书·韩秀传》，第953页，北京：中华书局，1974年；及《资治通鉴》第一三三卷，第4184页，北京：中华书局，1956年。

公元 5 世纪前后敦煌的历史与地理

敦煌有着辉煌的过去,在公元前111年前后,伴随着汉武帝开边的号角,敦煌开始名闻海内,这里成为制辖万里西域的指挥基地。

作为丝绸之路的咽喉要道,沟通欧亚大陆的大动脉——丝绸之路在敦煌分成了两股,西出阳关与玉门关,形成了丝路的南路与北路,通向印度、波斯与东罗马帝国。海洋商贸之路兴盛之前的近千年中,敦煌都是重要的商业与文化都市,人类各大文明的交汇与碰撞之地。❶

无数商旅、传教者、士卒都在这葱郁的绿洲中饮过祁连山清凉的融雪,然后继续在滚滚黄沙中东西而行。作为丝绸之路的咽喉重镇,那些将生活装点得轻盈美丽的丝绸经由敦煌运往遥远的西方,而给生命以抚慰和安顿的佛教也从敦煌进入汉文化的世界,为中华文明汇入了丰富的哲思智慧与别样的生活形态。

敦煌百姓的内心同时容纳了三个维度的世界:自己脚下的这片令人无尽眷恋的绿洲、东土汉地的礼乐正朔以及西方世界的繁华新鲜。当中原经历着自西晋永嘉之乱以来长达两百年的社会动荡、生灵涂炭之时,敦煌与河西地区却保持了相对的安定。充分的日照、稳定的灌溉系统以及肥沃的绿洲土地让敦煌的农业非常发达,生活安定而富足,民风世笃,人物隽雅。由内地迁来的家族,在此延续发展了汉文化,使之成为敦煌的社会根基与文化主脉。

世代安定让敦煌产生了杰出的大儒和顶尖的书法家,例如留名书史的张芝、索靖,他们的儒学建树与书法艺术都产生过深远影响。❷张芝以草圣之名而著称,他留下了"临池皆墨"的勤奋传说,连王羲之也将张芝的书法成就作为自我评价的坐标。

东西方人口交汇与文化的多元也促成佛教在敦煌的繁

---

❶ 据研究,拜占庭金币从铸造到流通于中原并被随葬入墓只需要五十年时间,有的甚至只用了二三十年,当时北朝与拜占庭帝国交往密切,自西域到黄河套,相当繁荣。转引自唐长孺:《北凉承平七年(449)写经题记与西域通往江南的道路》,收入阎文儒、陈玉龙编:《向达先生纪念论文集》,第104—117页,乌鲁木齐:新疆人民出版社,1986年。

❷ 有学者认为,敦煌地区的书法实践与书体转化对内地产生了深远的影响,章草、今草、楷书都可能是从敦煌一带兴起,是在河西地区书法家张芝、索靖影响下形成的书风。参见伊藤伸:《从中国书法史看敦煌汉文文书》,《敦煌研究》1995年第3期;及崔中慧:《流沙墨韵——敦煌吐鲁番佛教写经书法探秘》,《2012亚洲佛教艺术专题研习会——中印佛教艺术探源研习讲义》,第120页,香港:香港大学佛学研究中心,2012年。

荣。敦煌的百姓还会清晰记起当年在敦煌驻锡过的高僧（敦煌菩萨竺法护的仁慈，鸠摩罗什的隽雅，法显的坚韧，还有译经巨子昙无谶那不可揣测的法力），人们看到一部部西域携来的佛经是如何在敦煌城的译场中被译出，又是如何被东方与南方来的使者恭敬地携回，转而风行海内。敦煌及周边地区的人才与学术资源对于日后北魏构建自身的文化脉络非常关键。

麦田的金波与渠水的银浪交织纵横，那些坐落在绿洲中的儒学殿堂，❶ 那些耸立于村坞之间的寺院、佛塔，❷ 那些穿过沙漠、在不断升腾摇摆的热浪中远去的负经白马，都还历历在目，如梦如幻地印证着前人对敦煌的解释："敦者，大也；煌者，盛也。"❸

然而来到5世纪，对于敦煌而言，却是一个充满动荡与挑战的百年。公元400年，汉代名将李广的后裔李暠在敦煌建立了西凉政权，与北凉长期争战对峙，终在公元421年为北凉所灭。十八年后，公元439年，北魏太武帝拓跋焘的军队又兼并北凉，结束了十六国的混战局面，一统北方。在这个政权频繁更迭的过程中，敦煌作为河西重要的经济文化中心的地位被严重削弱。由于之前遭遇了顽强的抵抗，北凉攻陷敦煌时，对敦煌全城进行了残酷的屠戮；而北魏攻克北凉都城武威继而向敦煌进发时，北凉守将又挟城中万余户百姓背井离乡、逃亡西域。❹ 经过屠城重创与大迁徙的敦煌，在憔悴哀痛中已再难寻得从前那西域名城的气象。

即使北魏的统一也没能使敦煌恢复元气。进入5世纪下半叶，公元460年之后，随着柔然在西域势力的逐步扩张，丝绸之路变得节节滞塞，柔然用了十年的时间，将原先臣属于北魏的西域属国逐次击破。公元470年（大约正是莫高窟第254窟开凿的上限时段），西域南端的最后一个北魏属国，以盛产玉石而著称的于阗，也面临敌寇兵临城下的危境。于

❶ 公元401年，西凉政权的领袖李暠于敦煌西门外起靖恭堂，以议朝政、阅武事，图赞自古圣帝、明王、忠臣、孝子等，见《北史·李骘传》；"公元404年1月，敦煌"又立沣宫，增高门学生五百人，起嘉纳堂于后园，以图赞所志"（《晋书·凉武昭王李玄盛传附子士业传》），见史苇湘编：《敦煌莫高窟大事年表（一）》，收录于敦煌文物研究所编著：《中国石窟——敦煌莫高窟（卷一）》，第227页，北京：文物出版社，2011年第2版。
❷ "敦煌地接西域，道俗交得其旧式，村坞相属，多有塔寺。"见《魏书·释老志》，第3032页，北京：中华书局，1974年。
❸ 对"敦煌"一词的解释见《汉书·地理志》[唐]颜师古注引[东汉]应劭的说法，也有学者认为"敦煌"之名可能是建郡前即居住于该地的少数民族所用称谓的音译。
❹ 北凉屠城事，见《晋书·凉武昭王李玄盛传附子士业传》，第2270－2271页，北京：中华书局，1974年；北凉弃城事见《宋书·氐胡列传》之"大且渠蒙逊"条，第2417页，北京：中华书局，1974年。

阗国王的信使给北魏朝廷捎来了绝望的求救信，^❶信上写道："西方诸国，今皆已属蠕蠕（柔然）……遥望救援。"然而，于阗国王也许早就预料到，不会有援兵赶来救援。因为此刻的北魏帝国，面对柔然的进犯威胁早已焦头烂额，自顾不暇。多年来，为了防备柔然军队的南下劫掠，每年秋、冬之际，北魏会集结精锐部队分三路北上，在彻骨的风雪中熬过漫长的驻防，直到来年春天才能返回。^❷这种极为牵扯兵力与财力的举措，曾被提议以筑城布防的方式替代，但可能由于缺乏策应、难于坚守的缘故，并没有付诸实施。最终，面临柔然威胁的于阗中断了与北魏的往来，转而依附柔然。而失去了西域属国屏障的敦煌也开始直接暴露在柔然的铁骑下，时刻面临战争的危机。

从公元472年开始，在短短三年之内，柔然的骑兵就连续发动了四次对敦煌的围困与突袭。^❸卷地黑云般的柔然骑兵们蜂拥而至，如雹的箭矢向敦煌城袭去……糟糕的情况还远不止于此，与人祸结伴而至的是天灾。史书记载了敦煌接踵而至的饥荒：公元479年夏，敦煌突如其来的大霜，使田中即将成熟的禾豆尽数冻死；公元481年，蝗虫袭来，将敦煌百姓辛苦经营、赖以过冬的庄稼吃了个一干二净。^❹

不过，也正是这境况的困顿、战乱的痛楚，带给敦煌更深刻的生命体验。曾经幸福宁静、繁荣开放的敦煌进入了它至关重要的成长期，具备了一种在承平盛世所无法获得的精神深度。5世纪初，敦煌的统治者曾宣称："敦煌郡大众殷，制御西域，管辖万里，为军国之本。"^❺数百年来西域与中原的往来交流、译经讲学，更塑造了一个底蕴富足、文化丰厚的敦煌，这种储备使得敦煌拥有一种独特的能力去对抗那正要吞噬一切的暗黑力量。

无常的战争状态可能会使部分家族选择前往更安定的地方，但在数百年经营家园的历程中，这片土地与土地上的人深深地结合了起来。在高度依赖土地的社会经济条件

---

❶ 于阗的情况，参见《北史·西域传》，第3210页，北京：中华书局，1974年。

❷ "延兴元年（471），先是，魏每岁秋、冬发军，三道并出，以备柔然，春中乃还。"见《资治通鉴·宋纪》，第4166页，北京：中华书局，1956年。

❸ 史见《魏书·高祖纪》，第137、139、140页，《魏书·尉古真传附侄孙多侯传》，第657—658页，北京：中华书局，1974年。

❹ "高祖太和三年（479）七月，……敦煌、仇池镇井大霜，禾豆尽死。"见《魏书·灵征志上》，第2906页。"高祖太和五年（481）七月，敦煌镇蝗，秋稼略尽。"见《魏书·灵征志上》，第2921页。

❺ 这番话是西凉创建者李暠对其政治盟主东晋奉表时所言，参见《晋书·凉武昭王李玄盛传附子士业传》，第2262页，北京：中华书局，1974年。

下，大部分世族不会放弃世代经营的故土，因为离开自己的土地，田宅不可复售，舟车无从而得，提挈万里，逾险浮深，家族的存在也就岌岌可危了。❶ 何况内地的局势也并不乐观，此时的黄河流域正处于气候波动周期的寒冷干燥期，此间各种严重的水旱虫蝗等自然灾害也连年不断，疾疫与饥馑四处蔓延。❷ 因而较小家庭单位的百姓更不愿背井离乡去往内地，不愿离祖坟、弃生业，沦为流民。他们对局势有着自己的看法：身为游牧民族的柔然军士对财产的要求远远大于对领土的要求，所以，只要坚守城池，挫其掠夺之锋芒，就有可能长时间地保全家园。敦煌百姓们相信茫茫戈壁中的家园活力，并非仅由遥远的雪山融水送来，而是因拥有才德与血性的人们的竭力护持才得以留存。因此，绝大多数敦煌百姓都宁愿留守故土、拼死一战。从史书的记载中可以看到，敦煌的数次保卫战都打得很漂亮。例如有一次，曾击退柔然三万骑兵围困的敦煌镇将尉多侯外出南山狩猎，柔然军队趁机围困了敦煌城以断绝他的归路，但多侯英勇无畏、且战且进，终于冲入重围中的敦煌城，旋即率领城中众军出战，大破柔然军队。❸ 通过那许多以少胜多、以被动胜主动的战例，我们似乎可以看到敦煌的良家子弟们身被枪矢、前赴后继、扭转一次次危局的身影。敦煌百姓镇定、勇敢、富于奉献精神的面貌跃然于简短的史书记载之上。

历史证明韩秀是对的，敦煌顽强地坚守了下来。随着十多年后柔然势力的衰落和北魏的整体反攻，敦煌度过了动荡不安的时期。尔后，随着丝绸之路的再度繁荣，敦煌也恢复了它丝路重镇的地位。5世纪下半叶，从公元460年柔然攻陷北魏的西域属国高昌开始，以公元474年北魏朝廷廷议放弃敦煌为高峰，以公元492年北魏大破柔然为缓解，这段前后为期三十余年身处危境的艰难岁月，为敦煌留下了刻骨铭心的印记。

❶ 北魏在公元485年与486年相继实施的均田制与三长制便是对土地所有权及地方治理权的重新调控，在此之前，土地与地方政治资源大量集中在世家大族手中。
❷ 对此时段气候变迁的研究，参见邵正坤：《北朝家庭形态研究》，第49页，北京：科学出版社，2008年。
❸ "蠕蠕部帅无卢真率三万骑入塞围（敦煌）镇，多侯击之走，以功进号征西大将军。后多侯猎于南山，蠕蠕遗部帅拔入围敦煌，断其还路。多侯且前且战，遂冲围而入。率众出战，大破之。"参见《魏书·尉古真传附侄孙多侯传》，第657—658页，北京：中华书局，1974年。

莫高窟的修建与禅观

当5世纪下半叶敦煌局势晦暗难明之际,在敦煌城东南二十五公里的莫高窟,佛教石窟开凿已经有了百年的历史。对于敦煌百姓而言,莫高窟是奇迹的化身,是他们重要的精神寄托。一泓清泉划开死寂的戈壁,为莫高窟带来了生命的契机。这里的灵性启发了修行者。传说中最早的开凿者乐僔和尚便是在千佛之光的感召和指引之下来到这里凿窟禅修的,其后从者不绝,延续千年。

由于官方的尊崇,佛教的生死轮回、因果报应等价值观渗透到当时的整个社会生活习俗之中。❶ 那些石窟是实用的佛教修行与宣教的现场,曲折跌宕的佛经故事与庄严超然的绘画雕塑是人们世俗与精神生活的重要组成部分。有所成就的高僧大德、彰显贤明的地方政府、殷实富足的世家大族、虔诚笃信的佛教社团、生活颠沛的往来商旅,都希望在此地镌刻一处窟龛,以期积累功德,寄托心愿。

借助史书文献,我们可以编织出一幅幅生动鲜活的佛教信众参加佛事活动的画面。每逢佛教节日,敦煌十里八乡的

❶ 在大量的普通民众的发愿文中,都透露出当时信徒的普遍价值观,例如认为生值末世,愿死后面见弥勒等。参见饶宗颐主编,王素、李方著《魏晋南北朝敦煌文献编年》,台北:新文丰出版公司,1997年。

莫高窟出土的北魏刺绣,其中僧人、贵族列队持花供养的图像,表明他们协作供佛(敦煌研究院藏)

信众们纷纷涌向莫高窟,到各个洞窟中去燃灯礼拜、绕塔观像、祈福发愿、聆听讲经说法。信徒们无论官阶、贫富,都是佛门弟子,他们结成各种社邑组织,在佛事活动中共同参与。在此过程中,各阶层的民众彼此沟通协作,在慈悲的佛陀前接受教诲。❶ 有的信众在节日前便提早住在莫高窟前的

❶ 对于当时佛教活动的社会意义,谢和耐先生指出"佛教的社会活动极大程度上把中国社会各阶层包含了进来,联系了起来","由共同的节日,汇集了和尚、有权势的门户和平民百姓的宗教社邑才导致了各对立阶级之间的统一"。参见谢和耐著,耿昇译:《中国五—十世纪的寺院经济》,第368页,兰州:甘肃人民出版社,1987年。

董希文先生绘制的莫高窟全景图(局部)

254窟

寺院里，更多的信众则是活动当日一大早相约从党河边的敦煌城出发，要一直朝东走上两个时辰，才能赶到莫高窟去礼佛。一路上，不断变亮的天色告诉他们已经越来越接近目的地。每当朝阳升起，蓝紫相间的天空变得像商队翻越帕米尔高原所带来的青金石颜料，便可远望见那绵延一千七百余米，高三十余米的莫高窟崖壁，它被阳光照得金灿灿的，上面有栈道蜿蜒，洞窟星列其间。这些洞窟，正是由敦煌的军政要员、世家大族、佛教寺院、信徒社群和工匠团队共同修建开凿，一般由供养人发愿出资，僧人规划设计，工匠们施工建造，每处石窟从选址到主题内容事先都经过了严密的构思和整体设计，因此也很具体地寄托着不同的洞窟开凿者的祈福与心愿。信众们进入石窟，不仅举行公众活动、瞻仰礼拜，还要进行一项特别的修行——禅观，即修行者在虔诚与宁静的心态下，通过观看诸佛、菩萨的影像，努力在心灵中显现出庄严相好、光芒无限的佛的法身，在内心构建佛的形象，借此获得加持、消减罪业。北魏时期，这一"观像"与"想象"合一、通过外在观看而回归内心映现的过程被视为禅修的不二法门。❶

我们将要深入观览的第254窟正是北魏时期一座最有代表性的禅修窟。它不像后世那些仅仅为王公贵族积累福报、做功德而修建的世族大窟，虽然窟内空间宽敞宏阔，绘塑装饰富丽堂皇，但长长的甬道使得从门进入的自然光十分暗淡，即使有灯烛之光，窟内的高处也十分昏暗，所绘的图像几乎都隐而不见，这表明在那些大型石窟的修建者心目中，窟内画像是否能满足信众的观看似乎不是重点。❷ 而254窟开敞的窟门和东面距地面两米多高的明窗，可以使充足的光线照进前室，十分明亮，有助于进到窟内的修行者看清绘于四壁的故事画和佛像，增强"观像"过程的感染力。❸ 洞窟中间部分醒目的中心塔柱也被认为与佛教禅观修行密切相关，❹ 它将石窟区分为前室和后室两个功能空间，前室是信

❶ 参见高田修著，高桥宣治、杨美莉合译：《佛像的起源（附论）》，第587—599页，《观佛、观像和造像》，世界佛学名著译丛，台北：华宇出版社。
❷ 例如晚唐第85窟、五代第61窟等。
❸ 对于宗教绘画，其绘制目的应与观看条件有一定联系，不利于观瞻的条件往往表示此宗教绘画并非特意为观者观看所绘，而是带有宗教奉献、积累功德性质的作品。见巫鸿先生对于此问题的讨论，巫鸿著，郑岩等译：《礼仪中的美术》，第363—364页，《何为变相》，北京：生活·读书·新知三联书店，2005年。李永宁，蔡伟堂先生亦在其文《〈降魔变文〉与敦煌壁画中的"劳度叉斗圣变"》中指出了观看条件对图像功能的决定作用，收入《1983年全国敦煌学术讨论会文集·石窟艺术编》上册，第187—188页，兰州：甘肃人民出版社，1985年。
❹ 参见汤用彤：《汉魏两晋南北朝佛教史》，第十四章《佛教之北统》，及第558—559页，北京：北京大学出版社，1997年。

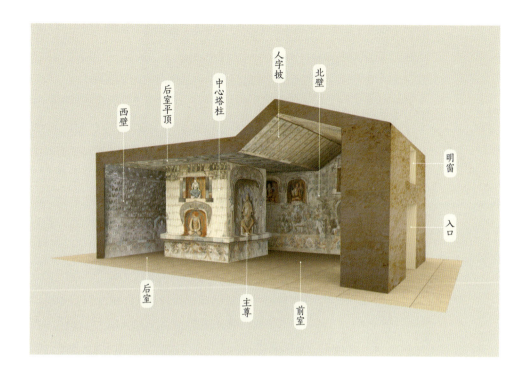

254 窟空间示意图

众们礼拜佛像、聚集听法的地方，后室以及两侧的甬道则是供信众们绕窟巡礼与观像之用。当年前来礼拜的信众，入窟后会首先礼拜中心柱前的主尊塑像，依循佛经的教导，他们要精心地维护洞窟的洁净，通过燃香或散花来供佛，如雨的花瓣在佛的尊像前纷飞，燃灯和香烛跳动的火焰映亮了佛像金身的轮廓。这些外在的礼仪固然重要，但那些无力负担供养的信众也无碍修行，虔敬的心才是关键所在。接下来，他们要从中心塔柱的左侧开始，围绕塔柱顺时针方向观览一周，中心柱四面与洞窟墙壁的佛像雕塑、壁画逐一映入眼帘，这些图像依照一定的次序组合起来，传达着特定的象征意义。绕行结束后，信众们会再次回到前室，仔细地观看前室所绘制的佛教故事画。在整个过程中，可能会有一位资深的修行导师，例如僧人，来为大家介绍如何解读这些画面，如何在这些图像中"观"到佛的种种庄严形态，如何从故事画面中了解到释迦前世今生的因缘事迹。最后，

（右页图）
254窟的中心塔柱，整窟的蓝色色调

当"观像"已经充分，整个礼佛过程也进入了最重要的阶段，信众们齐整衣服，盘腿打坐，集中意念，开始在心目中通过"观想"构建金色完满、具有种种相好的佛的真容，所见越真切，对其生命的提升越有助益。不少人经过此番身心涤荡，进而"五体投地，泣泪像前"❶，对佛教义理产生了更深切的认知和了解。根据考古学家的研究，254窟开凿于公元465—500年之间，❷这意味着，254窟的创建者见证了我们前文所述敦煌历史上那段最为艰难的时期。在这长达数十年艰苦卓绝的动荡战局中，佛教以其所强调的无畏布施、镇定坚韧、牺牲奉献、守护正念、驱魔降恶等超越凡俗的信仰力量，为敦煌各阶层提供了重要的公共精神资源。史书留下了这样一条记载：公元424年之前，一位西域的高僧来到了敦煌。彼时的敦煌，可能刚经历过北凉征伐的战火。他开辟了苑囿百亩，种植了上千株柰树，将道场装饰得非常庄严洁净。❸新发的绿枝摇曳在敦煌的土地上，重启人们对生命的思考与希望。在他的讲道场里，簇拥了许多新增的信众。也正是在此时代，围绕凉州形成了北方的译经中心。在254窟开凿的半个多世纪前，译经大师昙无谶在敦煌与姑臧（今武威）翻译了《大般涅槃经》等众多影响深远的佛经。❹254窟中的重要壁画《舍身饲虎》所依据的底本《金光明经》也是在此期间译出，这部经典据信有卫护国家、忏悔过业的功能，能够对抗战争、饥馑、匮乏等一切不理想状况，因而世代流传、备受推崇。佛教所宣传的众生平等的佛性与在危机中"护世、护法、护国"的理想，安定社会民心的教义，❺对身处乱世、饱经磨难的人们产生了深刻的影响。❻

假如254窟能够讲述她的记忆，那么我们眼前可能会浮现出这样的场景：那些组织营建这座石窟的团体——官方机构、僧团、信徒社邑和匠师们，在历经战乱与天灾的重创、

❶ 一整套的观想与禅修的仪式，可参见《观佛三昧海经》卷九《观像品》，[东晋]佛陀跋陀罗译：《新修大正大藏经第十五卷经集部二》，东京：大藏出版株式会社，1934年。

❷ 对于254窟的开凿年代，参见樊锦诗、蔡伟堂、黄文昆编著：《敦煌石窟全集》第一卷，《莫高窟第266—275窟考古报告》，北京：文物出版社，2011年；阿部贤次先生认为其开凿于公元470—490年之间，参见Abe, Stanley Kenji(阿部贤次)，"Mogao Cave 254: A Case Study in Early Chinese Buddhist Art", UC Berkeley PH.D dissertation, 1989；宿白先生认为敦煌处于急迫的战争条件下，像254窟这样的洞窟，可能开凿于公元480之后，见宿白：《中国石窟寺研究》，第242页，《两汉魏晋南北朝时期的敦煌》，北京：文物出版社，1996年。综合而言，254窟建造年代的上下限都与敦煌这段跌宕的历史时段相叠映。

❸《高僧传》，第121页，《宋上定林寺昙摩蜜多》，北京：中华书局，1992年。

❹ 参见汤用彤：《汉魏两晋南北朝佛教史》，第277页，北京：北京大学出版社，1997年。

❺ 在吐蕃进攻及占领敦煌期间，再译版本的《金光明最胜王经》更是十分流行。原因也在于据信它有卫护国家、忏悔过业的功能，能够对抗战争、饥馑、匮乏。参见沙武田：《〈金光明最胜王经变〉在敦煌吐蕃期洞窟首次出现的原因》，收入《敦煌归义军史专题研究四编》，第632—633页，西安：三秦出版社，2009年。

❻ 王惠民《敦煌佛教与石窟营建》一书指出，254窟的营造可能与北魏王族成员徙敦煌有关。

张大千临摹254窟舍身饲虎图的版画

发愿开凿石窟以求得福报时投入了无比的虔诚,他们将呼唤牺牲和奉献、赞美从容与镇定、企盼永久光明与和平的愿望都投射到洞窟的设计以及题材的选择上,使得出离世间利害的佛教石窟具有了特定的现实指向。❶ 而那些来到莫高窟礼拜的大众,或许是赶赴沙场前特地来做诀别的瞻礼,或许是为上至国家、下至子孙的前途祈福。也许他们匆匆拜别,无暇按经典要求来完成礼佛与禅观的仪轨,但他们张大眼睛似乎要牢牢记下诸位佛陀菩萨们凝视他们的面容,以及那些绘制在壁画中的故事——佛陀如何在生生世世中竭力卫护众生,帮助众生度过眼下的艰难困顿。

尽管我们永远无法如实地还原历史,但当大致了解到开凿石窟对于佛教信众的意义,以及当时人们在石窟中的礼拜修行方式,并且联想到宗教艺术活动有可能参与了敦煌军民对抗天灾人祸的斗争,意识到整窟的图像主题与那场发生在北魏时期的危机可能具有某种潜在的呼应,那么对于今天的观众来说,古老的254窟便具有了更加丰富而开阔的意蕴。

下面的章节,让我们暂且搁置这些宏阔的议题,像古人一样定下心来从"观像"开始,近距离地去观看一铺具体的壁画,理解这铺经典壁画表达的含义并欣赏它的动人之处。

❶ 莫高窟壁画的许多题材被学者认为与当时的社会现实背景有关联,如西魏285窟的五百强盗成佛图与西魏河西的动荡有关,北魏257窟的沙弥守戒自杀图与当时佛教僧团的戒律弛坏有关,盛唐148窟的涅槃题材与当时抵抗吐蕃入侵有关联,等等,参见史苇湘:《敦煌佛教艺术是反映历史现实的一种形式》,收入《敦煌历史与莫高窟艺术研究》,第404—408页,兰州:甘肃教育出版社,2002年。

* 关于254窟的研究文献主要有: Abe, Stanley Kenji (阿部贤次),"Mogao Cave 254: A Case Study in Early Chinese Buddhist Art"(UC Berkeley PH.D dissertation, 1989);宁强、胡同庆《敦煌莫高窟第254窟干佛画研究》(《敦煌研究》1986年第4期);王平先《莫高窟北朝时期的降魔变初探》(《敦煌研究》2007年第6期);陈明《论敦煌北魏石窟艺术成就的历史背景》(《敦煌学辑刊》2015年第3期);王惠民《执雀外道非婆薮仙辨》(《敦煌研究》2010年第1期);王惠民《敦煌早期洞窟佛像的卍字相与如来心相》(《敦煌研究》2012年第4期);滨田瑞美《关于敦煌莫高窟的白衣佛》(日本《佛教艺术》第367号,2003年3月,牛源译文载《敦煌研究》2004年第4期);滨田瑞美《敦煌莫高窟第254窟北壁说法图考》(日本《美术史》第158号,2005年3月,林保尧译文载《艺术学》第27辑,2011年),以及《敦煌石窟艺术·莫高窟第254窟》(南京:江苏美术出版社,1995年)。

第二章

南壁 | 萨埵太子舍身饲虎

随着画面之"势"的运行,
观者在这铺强调牺牲奉献的壁画中,
会感受到一种坚毅、优雅、哀而不伤
又复归于振奋的气息。

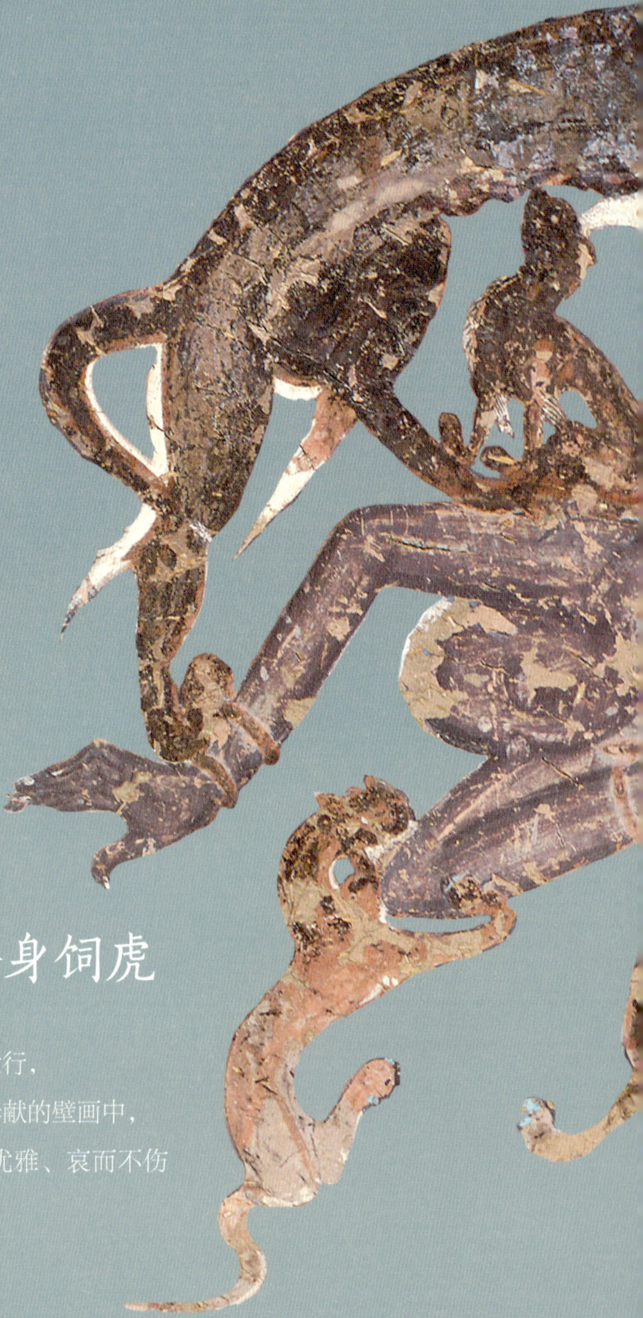

《萨埵太子舍身饲虎》在254窟南壁中的位置

走进254窟,观众视线很快会为南壁中下段的一铺故事壁画所吸引,它正处于中心塔柱的左侧,绕塔观像的线路即从此处开始。壁画的高度适中,画幅宽168厘米,高约150厘米,底部距地面90厘米,总面积约有2.5平方米,光照条件良好,一个成年观众平视即可看清全幅。不过,就像厘清一团线球首先需要找到它的线头,对于不熟悉的观众来说,第一步要做的,是从纷繁的壁面装饰中将这幅画区分出来。

从254窟南壁的立面图可以看出,这铺壁画位于塑有雕像的列龛与一条长长的底部装饰带之间,但它的轮廓并不是一个规则的四方形,而是顺应石窟建筑形制,在左上角有一小块矩形凸起。右侧往后室方向绘满千佛,左侧则与另一幅故事壁画衔接。为了向更多的信众阐明教义,佛教的传播者将很多佛教经典中的故事转化为具体的形象绘制到壁面上,常见的有表现佛前生无数次转世修行的"本生故事",表现释迦牟尼作为迦毗罗卫国王子出生、悟道、成佛、涅槃一生经历的"佛传故事",以及表现佛门弟子、善男信女和释迦牟尼度化众生的"因缘故事"等。在古代的信众入窟观瞻之前,他们对这些故事大多耳熟能详,只需几个关键情节的提示,便可明了每铺壁画所要表达的主题。

(右页图)《萨埵太子舍身饲虎》全图

舍身饲虎的故事与图像

我们主要解读的这铺壁画——《萨埵太子舍身饲虎》描绘的是释迦牟尼佛前世的事迹,因而被称为佛本生故事(Jataka),它讲述了一位名叫萨埵的王子,如何牺牲自己的生命来拯救一群饥饿濒死的老虎,以慈悲奉献的行动积累了后世成佛的因缘。这个故事流传广泛,还存有梵语版本。❶ 最迟在大约5世纪上半叶,便从西域传入汉文化圈,见诸汉文的佛教经典。下面让我们依据北凉时期昙无谶译的《金光明经》对故事文本有一个完整的了解,❷ 之所以选择这部经典,是因为它距壁画绘制的时代最近,是早于254窟大约半个世纪在凉州地区被翻译出来的,影响深远。

在《金光明经·舍身品第十七》中,舍身饲虎的故事以倒叙的方式展开:

> 一日,释迦牟尼佛在法会上应大众的邀请,展演他成佛前的慈悲因缘。于是,随着一座佛塔的从地涌出,一段往昔的故事逐渐浮现:久远之前有一个国王,依善法治国得当,因而没有怨敌,国家富饶安定,国王的三位王子皆以气概与德行垂范于世。其中最年少的小王子名叫摩诃萨埵(Mahā-sattva)。这个名字中的Maha意为广大,sattva意为众生,有心系一切有情众生的意味,这位小王子的命名似乎预示了他极不寻常的人生之路。一次,三位王子到山中游玩,在一阵强烈不安的预感之后,他们见到了一只母虎。母虎生下七只虎仔已经七日了,由于无法觅食,身体羸瘦,若再为饥饿所迫,恐要食幼崽果腹。三位王子想帮助它们,但老虎唯食新鲜血肉,他们却无从及时得到,唯一可行的是马上舍出肉身。王子们心怀忧愁,目不暂舍。萨埵的两位兄长慨叹自己缺乏大悲心与智慧,故而无法舍出自己的肉身来救众虎。此时,萨埵暗自思量,在生生世世的生死轮转中,尽管每个人对自己的肉身都爱护不懈、极力维

❶ 关于此本生故事的版本与包含的佛教思想演变的线索研究,可参见郭良鋆:《〈投身饲虎本生〉梵汉比照》,载于《南亚研究》2002年第1期,第65—68页。

❷ 见[北凉]昙无谶译:《金光明经·舍身品第十七》。舍身饲虎的故事还见于《贤愚经》等其他几部佛经。贺世哲先生指出了舍身饲虎的发生地与截至北朝时期的流布范情况,见贺世哲:《萨埵太子本生图》,收录于《敦煌图像研究:十六国北朝卷》,第五章,兰州:甘肃教育出版社,2006年。

护、经营房宅以安身，用衣服、饮食、行住坐卧与医药等一切条件加以供给，使其毫无匮乏，但最终还是难免速朽败坏、无所利益。萨埵用一种强烈的"不净观"❶来审视自己的肉身构造，看到这肉身充满了疾病之恐怖，唯由不净之物构成，像水上的泡沫一样毫不可靠，又如一个恩将仇报的怨贼一样将生命的觉悟之路引入歧途。而他在久远的生死轮回中，又曾多少次毫无意义地唐捐生命，为了贪欲、嗔恨或是愚痴，但却从未有一次是为了慈悲和解脱的事业。今天的境况恰是一个播种福田的良好机遇，如果能舍此难舍之肉身，便可积累善业的资粮，就像在茫无际涯的生死大海中建造了一座桥梁，能够最终证悟佛道，获得真正圆满庄严、永无变异之忧的微妙法身，进而帮助众生摆脱生死轮回的忧患，获得佛法安乐。❷于是，下定决心的萨埵支走了两位王兄，怕他们因为畏惧而阻拦，然后发下利益一切众生的誓言，准备舍身饲虎来开启成佛的关键一步，以在未来拯救众生。于是，萨埵俯身躺在老虎面前，可是，萨埵慈悲心所透射出的力量使得虚弱至极的老虎们竟无力下口。见此情景，萨埵登上山崖，用竹枝刺破喉咙，再纵身跳下。老虎们舔食了萨埵的血，慢慢有了体力，又将萨埵的肉身分食，终于恢复了生命力。天地都为萨埵的慈悲所震动，萨埵的兄弟感到异常，立刻返回，见到满地骨骸，悲哭昏厥，扑倒在地。国王与王后也闻讯赶来，悲痛欲绝。此刻，萨埵又由遍地骨骸化为完整的肉身，在母亲怀中如同睡着一样安详。侍从们泼洒清水令晕倒者苏醒，众人逐渐出离了悲恸，为萨埵建造了一座白塔，将他的骨骸收入塔内供奉礼拜，以纪念他的慈悲功德。在故事的结尾，释迦点出，萨埵即是释迦的前世，正是在生生世世的历程中，这种种的慈悲愿力与救护众生的行动，成为他最终悟道成佛的基石。

---

❶ "不净观"是佛教修行思路的一种，将肉身的美好娇妍看作暂时表象，而强调想象其内在实质的无常与变异，以帮助息止人对肉体的执着贪欲与妄念。
❷ 这种表述呼应了昙无谶在同时期翻译的《大般涅槃经》中关于成佛的目的、意义的表述，在那个时代应是一种佛教理论在汉地译介的创造性的发展。

在多部佛经中，这个故事虽然彼此细节有所区别，但萨

舍身饲虎的格状
结构与其五部分
内容

埵义无反顾的慈悲精神和对佛法的挚诚追求作为舍身饲虎故事的核心，令人印象深刻。萨埵在第一次以身饲虎的时候，由于慈悲之力的震慑和老虎自身的虚弱，老虎竟然无法下嘴去咬萨埵。这段描写尤其令人动容。按说，有此发心和结果，萨埵足可认为自己已经尽力，不必再以生命奉献，孰料萨埵竟然以竹枝刺颈出血，从高处跳下，❶仆倒在虎前，让老虎先舔舐他的血得以恢复气力后再来啖食。在佛的本生故事中，虽有不少为拯救众生而牺牲奉献的事迹，但对比之下，舍身饲虎这种决绝的生命奉献尤为突出，被后世信众认为最能彰显佛的慈悲奉献精神，因而在佛教的历史中占有重要地位。

对照254窟的《萨埵太子舍身饲虎》，我们会发现这铺壁画从经文中选取了发愿救虎、刺颈跳崖、虎食萨埵、亲人悲悼、起塔供养五个情节，对故事进行了完整表现。画师将三处情节安排在画面上方，两处在下方，并利用人物的体态来加以间隔与联系。尽管观众站在这铺壁画前的第一印象是繁密复杂：不到

❶ 在《贤愚经》《菩萨投身饴饿虎起塔因缘经》中，没有描写萨埵从高处跳下的情节。这也是判断舍身饲虎图像所据经典类型的重要依据。

舍身饲虎图像在5—10世纪之间的分布地域

三平米的画面中绘有二十个人物、若干只动物、大片的山峦和一座高耸的白塔,人物尺寸差别不大,各情节之间没有明显的空间层次,也没有明确界限,难免会有拥塞繁密之感,但是,只要熟悉了舍身饲虎的故事内容,便不难将几个关键场面分辨出来,例如跳崖的萨埵、啖食的老虎、哀悼的亲人、竖立的白塔等,由此将整个故事勾连起来。

在佛教艺术中,像这样把一个佛经故事转化成一幅画面或者一件雕刻的例子很多,但是在不同时代、地区以及画师手里,对于同一个故事却有千差万别的表现方式。作为佛教美术史中最富生命力的故事题材之一,舍身饲虎的图像分布广泛,沿着丝路,跨越千山万水,从西域地区的龟兹石窟,到汉文化圈的敦煌、麦积山、洛阳、江浙地区,甚至远到日本奈良,都有发现。

早期的图像通常比较简单,只选择单个场面,概要表现萨埵舍身饲虎的决定性瞬间,典型的如印度西北地区与龟兹地区❶的舍身饲虎图,每幅画面积有限,情节表现也受到方形或菱形格图案的限制。尽管构图非常简明,但对萨埵舍身的着重表现,已成为这个故事的图像母题,为后来的画师或彰或隐地采用,数百年绵延不断。

❶ 龟兹石窟就开凿于古龟兹国的境内,在今天的新疆库车县一带,包括克孜尔石窟、库木吐喇石窟、森木塞姆石窟等六处主要石窟以及数处小石窟。克孜尔石窟群无明确纪年,但据种种因素,学者们普遍认为这些石窟艺术的肇始早于内地,见宿白:《克孜尔部分洞窟阶段划分与年代等问题的初步探索》,收入《中国石窟:克孜尔石窟》,北京:文物出版社,1989年;马世长:《克孜尔中心柱窟主室券顶与后室的壁画》,收入《中国佛教石窟考古文集》,新竹:觉风佛教艺术基金会,2001年。

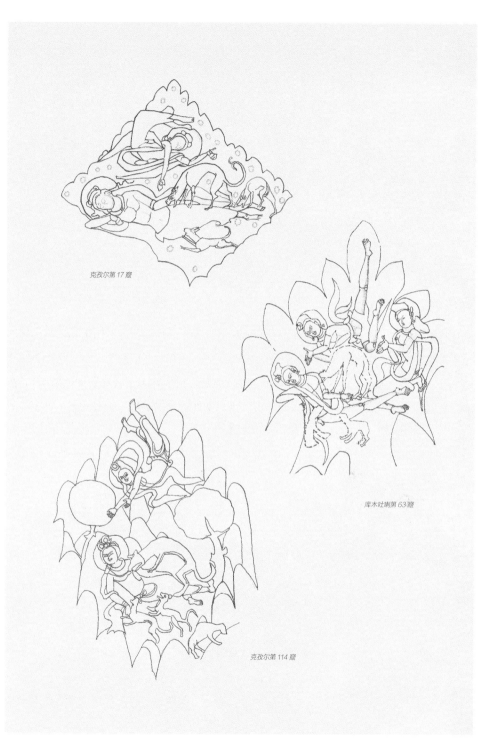

克孜尔第17窟

库木吐喇第63窟

克孜尔第114窟

新疆地区的舍身饲虎图像

龙门石窟宾阳中洞的舍身饲虎图（北魏），画面的情节较为简略，随着构图横向展开，山崖上萨埵双手合十跃下，踞坐于虎前，旁边站立着萨埵的眷属或臣僚

后来，随着佛教向中原的传播，佛教绘画、造像也更多融入了汉地艺术的造型传统，尤其在故事画的表现上，开始借鉴卷轴画的形式，将情节按照先后顺序，一段一段地布陈于画面。内地佛教石窟多采用此种构图，龙门石窟宾阳中洞的舍身饲虎图即为一例，这铺面积颇大的石刻浮雕虽惜遭盗凿，但从遗痕线描中仍可看出，画面整体构于一条明晰的水平基线之上，观者的目光沿这条基线展开。山间林木秀丽葱郁，布满整个画面，右角的高大树木间还挂着萨埵舍身前脱下的衣服，旁边两个站立的人，可能是萨埵的亲眷或臣僚，他们相顾而言，视线和手姿将画面的重点引向中央的饲虎场面。萨埵已在山顶合十发愿，复又（跳落）踞坐于山崖下的众虎之前，虽然对萨埵舍身过程的表现蕴含着西域的图像母题传统，但画面整体卷轴式的展开方式却迥异地呈现出典型的本土艺术特色。

莫高窟保存有最为丰富的舍身饲虎图像遗存，自北朝、隋、中晚唐、五代、宋❶都有此题材的壁画，共计有十余铺之多。❷它们大多受到中原地区卷轴式构图的影响，结合洞窟建筑形制又表现得更加丰富化。例如北周428窟的舍身饲虎图，该图绘于人字披下的东壁南侧，画面分为三栏，从右上角三位王子辞别父母出行的场面开始，呈"S"形转折而下，直到画面最下面一栏结束。❸整幅画面的情节相当完备，比龙门石窟要多出许多场面。人物的行动被分隔布置在群山之间，如同放入一个个独立的舞台，借助三条相当清晰的分栏线，观者可以从容欣赏

❶ 莫高窟初、盛唐时期的壁画遗存中未见舍身饲虎的故事。
❷ 上原和先生对唐、五代、宋时期敦煌的舍身饲虎的图像的分布与文本依据给予了细致的考察。[日]上原和：《玉虫厨子——飞鸟白凤美术样式史论》，东京：吉川弘文馆，1991年。
❸ 428窟舍身饲虎图，画面左下角的两个场面是附带绘入的其他故事，与《舍身饲虎》无关。

莫高窟第428窟
舍身饲虎图(北周)

这出"多幕剧"。

在这些图像遗存中，254窟是敦煌现存时代最早的一铺舍身饲虎图，但它也是一个特例，与其他图像皆不相似，尽管吸收了被反复表现的图像母题，但处理方式却不像一般故事画那样空间明晰、简明易懂，无论在单幅或卷轴式画面中都清晰可辨的情节内容被密集组合到一起。换句话说，这幅画也更考验观者的"观看"能力。回溯到北魏时代，在当时所盛行的禅观修行中，信众们要充分调动"眼睛加心灵"，才能通过观看佛的种种形象、事迹获得真切的感动，以促进修行。观看这样一铺画无疑是一次对修行者"心目""慧眼"的有益锻炼。

或许，254窟舍身饲虎的画师主动为自己设了一道难题，他并不想简单地将画面用作宣讲故事的载体，或仅仅当成积累功德的符号，而是希望观者的目光在画面中经历找寻、判断和曲折的游走，从而生发出更丰富的精神体验，到达更深层次的觉悟维度。接下来，我们将具体分析这铺壁画如何把深刻的精神意蕴与复杂的表现技巧结合起来，看它如何把所要传达的主旨意涵鲜明有力地呈现在观者眼前。

局部一：发愿救虎

万壑山间的动物们，见证着这一时刻

三位观虎的王子，中间的萨埵高举起右手，发愿要拯救众虎。他的身姿优雅、舒展，具有一种非凡的气度和感召力

两侧的王兄，体态内敛，如犹疑、似挽留。在画面局部，可发现绘制中的推敲痕迹

当观者立于这铺壁画前，视线的起点是位于画面中上方站在万仞山间的三位王子。中间那位将右手高高举起，就是发愿要拯救老虎们的萨埵太子，他的头慈悯地微微垂下，注视着画面下方饥饿的群虎。他的身姿优雅、舒展，具有一种非凡的气度和感召力。而身边的两位王兄，身姿欹侧柔美，飘带环绕飞扬，与萨埵的垂直动态交相呼应，更衬托了其坚毅舍身的崇高之美。

对天发愿

萨埵身边的两位王兄，交错呼应，衬托了萨埵发愿的崇高之美

萨埵发愿的姿态令人印象深刻，在他宣誓要以生命拯救众虎的同时，也意味着他决心通过布施获得最终的觉悟与解脱，这一表现在现存的其他舍身饲虎图像中是绝无仅有的。例如敦煌北周时期的第428窟，三位王子以一种闲散的姿态在俯观饥饿的虎群，而随后在山崖上准备跳下的萨埵，也只是一个匆匆的过程，没有对萨埵精神状态与意志的描绘。

通过与其他图像的对比可以看到，在这个题材的图像史中，254窟的舍身饲虎图对精神力量的塑造相当突出。

除了萨埵高举的手臂，萨埵身边站立的两位王兄的姿态，也为画面的精神表现增色不少。经文中描写了两位王兄在山林中忽然感到一种强烈的恐惧与忧虑，他们预感到生命将有彻骨哀痛，只有萨埵是从容进入山谷的，尔后便有了萨埵发愿的一幕。在画面表现上，萨埵左边的王兄仰头望着萨埵举起的手，吃惊地将手指按在嘴边；右边的王兄则俯下头看着下方的老虎，一手去拉萨埵的胳膊，如在挽留。经文中描述，两位王兄对众虎的困境深表关注，也都意识到舍出己身是拯救老虎的唯一办法，但终因性命攸关而显得犹疑惊惶。在画面的人物造型上，两位王兄被塑造为倾斜肩膀和弯腰的姿态，身体主要为曲线而不是垂直线，重心向一侧偏出，与萨埵舒展挺拔、从容镇定的姿态形成对比。❶ 王兄们的俯仰之姿衬托出萨埵对生命意义的洞察，更突显了举手发愿的萨埵所具有的崇高之美。

❶ 顾恺之曾评价卫协所画的七佛图"伟而有情势"，实指七佛之间相互呼应、顾盼，共同形成一种生动与力量感。参见 [唐] 张彦远：《历代名画记》，第108—116页，北京：人民美术出版社，1983年。而萨埵三兄弟间的姿态安排，也具有"有情势"的特质。

莫高窟第428窟（北周），三位王子在山间或坐或卧地观虎。而随后的跳崖场景，也并未出现萨埵发愿的场面，每个人物都没有足够舒展开来，画面在一种松弛散漫的氛围中展开

（左图）莫高窟第55窟（宋）舍身饲虎图中，双手合十的萨埵，匆匆跃下，发愿并非视觉的重点

（右图）在7世纪初日本奈良法隆寺玉虫厨子佛龛中的舍身饲虎画面里，萨埵将衣服挂于树上，然后直接跃下山崖，并无发愿的画面表达

被修改的细节

由于从事临摹工作，我们特别注意到画面中几处被修改的细节。

在萨埵高举的右手之下，还有一个约略的轮廓，原来画师最初绘制时，萨埵举起的手并未伸直，如果照这个姿态画出来，萨埵昂扬的气概便会减弱许多。画师不满于此，从整体上进行了调整，将萨埵举起的右手臂绘制得更为挺拔，使整个场面的宣誓感更加强烈。还有画面右侧的王兄，他似乎在挽留萨埵，细看之下，他抬起的手画了六个指头。原来画师第一次画了拇指和食指后，感到手的动势不够，马上在此基础上做了变化，重新加大了手掌的张开角度，使得手略为外张，在手形结束时还利用小拇指的弯张与上臂、前臂形成平行和直角关系，让整个手势更具力度。由于还保留着开始第一次画的食指，因而总共可以数出六根指头，但画师对此倒并不在意。画面左侧的另一位王兄，他下垂的右手也叠压着修改的痕迹。从最初的绘制痕迹来看，这只手是一种较随意而蜷缩的状态，如果这样画出也并无大碍，但画师最终还是将小指改为向下方翘出，整个手掌与手臂几呈直角。于是，局面一下子有了改观，小指正指向下方饥饿的小虎，弯曲的手腕也传递出某种内在的紧张情绪。同样的微调痕迹还可以在下方的小虎身上看到，小虎的尾巴曾经是更为自由随意的摆动状态，但画师也将尾巴的几个转折调整得更硬朗，更富绷紧的力量，使整个场面充满一种仪式感与庄严感。

这些细节提示我们，绘制254窟的古代画师绝非普通的工匠，他不是简单地按照一套既定的粉本描图填色，而是有着自己对故事的理解，在造型语言上不断求索、积极经营，在绘制过程中重点非常清晰。为了获得一种最恰当的表达，成功塑造动人的情感与情境，他不拘泥于细枝末节的"客观如实"，而是始终着眼于角度与走向、形体呼应这些更关键的造型元素，尽可能利用具体物象来构成饱满的三角形、贯穿画面的垂直线与水平线等视觉关联，加强图像彼此间的联系与对应。由于壁画是在泥土制成的

三王子观虎场面
中的四个修改处

底层地仗上绘制的，每一次落笔，墨与色彩都会迅速渗透到底层，难以抹去，并且壁画所使用的矿物颜料的覆盖性也有限，很难通过叠压而完全覆盖下层的图像，因此要求画师每次下笔都要快速、谨慎、果断，不容太多反复，既要把握局部细节，又得兼顾整体效果，一旦势或形达不到最佳，马上就要顺势调整。这也是很多中国传统艺术的特点，比如陶器即要求制作者在快速旋转中完成对器型的把握与取舍，书法更是落墨成势，不可反复，一切都在一种稍纵即逝的集中状态中完成，这种状态帮助创造者们达到了自然流露、神气俱足、难以复模的艺术高度。

视线的指引

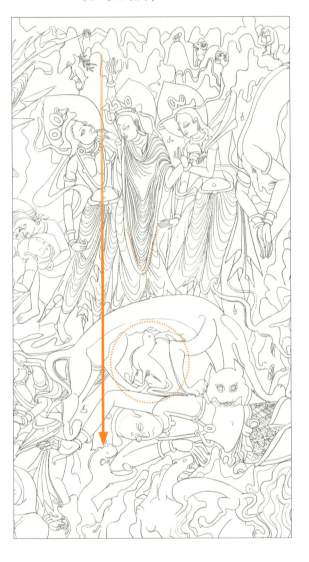

萨埵的长袍引发的视觉趋势,将发愿的萨埵与画面下方虎食萨埵的部分联系起来

与萨埵向上举起的手相对应,观众的视线又会被萨埵身着的长袍垂直引向下方。画面中其他人物都着装甚少,袒露上身,唯有发愿的萨埵身披长袍,这使得他的身体动态更有整体性,也更富于仪式感。他高举的右手牵动了长袍,密集的袍褶汇集为下垂的趋向,加上外沿的一圈蓝色裙边,就像一个三角形的箭头,形成明确的下指之"势",引导观众的视线向下方"虎食萨埵"的场面运行。这种"势"与下方更丰富的关联将留待"虎食萨埵"一节中详论,但我们可以借此看到,画师是如何有意识地借助画面的造型、色彩来形成一种力的趋向,在赋予画面生机的同时,引导观画的目光,从一个情节运行到另一个情节。

大自然带来的超越感

顺着萨埵举起的右手，观者可以在蓝色的山峦中看到一只色彩清新的白鹿。在佛教文化与中国本土传统里，白鹿都被视为祥瑞之兽，它抬起前足，昂首跨立于万壑之间，遥望更高远的峰峦，给这个面临生死抉择的紧张场面带来一种旷远的情致。在254窟营造时所处的南北朝时期，人与大自然的关系变得更加密切。南朝画家宗炳（375—443）对着山水画幅弹琴，"抚琴动操，欲令群山皆响"，心灵的感染力似乎能唤醒图画中的群山，与艺术家的琴音共鸣，"峰岫峣嶷，云林森眇，圣贤暎于绝代，万趣融其神思"。❶ 昂首白鹿的景象恰如宗炳所言，使得广阔奇妙的自然景象与人物的伟岸胸襟、超然神采彼此辉映。山间还有许多动物都纷纷探出头来，关注着事态的进展，为画面增加了一份灵动生趣。那些眼神狡黠的岩羊、抱膝而坐的山猿、露齿而啸的猛兽，一一自画师笔下涌现，虽仅为指尖大小，但方寸之间，眉目表情毫不含混，提按之间，笔锋锐利，运线有致，其技巧令人赞叹，古代画师在绘出这些幽默生动的形象时，或许也会莞尔一笑吧。

❶ 宗炳在其《画山水序》中，表述了艺术家绘制壮阔山水前通过一系列的修为而进入的创作状态。于民主编：《中国美学史资料选编》，第145页，上海：复旦大学出版社，2008年。

> 局部二：刺颈跳崖

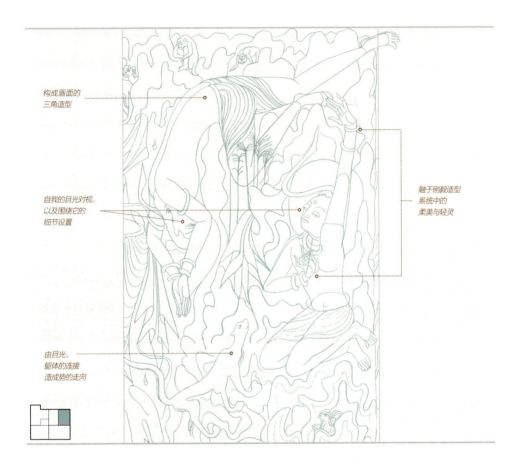

构成画面的
三角造型

融于刚毅造型
系统中的
柔美与轻灵

自我的目光对视，
以及围绕它的
细节设置

由目光、
躯体的连接
造成势的走向

　　在这一部分，画师巧妙地让"两个"萨埵产生了跨越时间与空间的心灵对视：跪地刺颈的萨埵仰着头，贴近画面，还依稀可见迸出的鲜血，他的左手顺势高高举起，与跃起跳崖的萨埵的左脚相衔接；当萨埵纵身跳下山崖时，他的双臂合拢为菱形，用身体动势将故事的发展引向下方，同时他的眼睛正处于菱形的边角上，又将目光回望向身体呈跪姿的萨埵，似乎在向过去的自己发出问询："献出生命，你后悔吗？你希望得到什么？"跪地的萨埵目光平静而决绝，似乎在回答："不，我绝不后悔，我不求尊荣富贵，唯愿帮助众生出离苦海……"这种深邃的自我问询，在整个人类艺术史上也是弥足珍贵的。❶

❶ 西域现存较早的舍身饲虎图像中，多将刺颈与跳下的萨埵共同绘出。但从目前的图像遗存来看，未见到有彼此目光交流的例证。

关于生死的自我对视与问询

对于目光与神思的关注,是魏晋时期中国文艺美学的一个突出特点。早在254窟营造前3个世纪,刘劭在《人物志》中便指出:"征神见貌,则情发于目。"5世纪初,敦煌大儒刘昞❶为其作注:"目为心候,故应心而发。"他们一再强调,灼灼目光是生命与心灵的写照,就像我们所习惯说的"眼睛是心灵的窗户"。东晋大画家顾恺之作画,往往"数年不点目

萨埵的自我问询中所包含的微妙造型设置,有助于目光的彼此沟通交流

精",因为他认为眼睛的表达才是传神的核心所在,正所谓"传神写照正在阿堵(眼睛)中"。他还指出,在绘画中,"手挥五弦易,目送归鸿难",也就是"手挥五弦"这种瞬时性的动作尚可表现,但"目送归鸿"这种持续性的动态和带有时间性的情感状态则很不容易传达。为此,他又提出了"悟对通神"的概念,在传为顾恺之的画作《洛神赋图》中,画面两端的主人公彼此注视,利用目光的连接建立了怅然传情的纽带,展开了一段婉转优美的心理空间,这一图例可帮助我们尝试去设想当时的艺术家是如何经营画面内部目光的关联与流动的。

也正是在魏晋时期,中国人开始了对人生终极意义的多元思考,产生了丰富的对于人情、人性、人格的观察与体验。萨埵的俯仰之视,不禁让人联想到王羲之《兰亭序》中的句文:"仰观宇宙之大,俯察品类之盛""夫人之相与,俯仰一世""向之所欣,俯仰之间,已为陈迹,尤不能不以之兴怀;况修短随化,终期于尽",其间亦包含许多俯仰相对的心灵动态与视观生命涯岸的心灵展

❶ 见《魏书·刘昞传》,第1160—1161页,北京:中华书局,1974年。

在《洛神赋图》中，画家利用人物的顾盼与视线的关联，将长卷中的人物连接起来，制造出一种内在的情感互动

望。回到舍身饲虎的故事，萨埵第一次饲虎未果，再次又刺颈跳崖，这表明他的行为不是一时冲动，而是对生死的意义进行了充分考量。佛教认为，肉体的生命不断在生死轮回的苦海中挣扎，其本质是虚妄与痛苦的；人生无常，顷刻即朽，因此肉身的理想功用是成为追求生命觉悟与解脱的桥梁。牺牲奉献，助益众生，是获得觉悟的关键一步，在佛法提出的六种到达彼岸的修行方式——布施、持戒、忍辱、精进、禅定、智慧——中居于首位。早于254窟开凿数十年便已风靡河西地区的《贤愚经》，开篇便讲述了释迦在历生历世求法护生的过程中竭力奉献的六个故事。❶ 为了试炼奉献者的信心与愿力，每个故事中都含有对奉献者的问询或他的心灵自白，而且往往发生在他付出极大代价、最为艰难困苦的时刻，"如真金应试，以此试菩萨，知为至诚不"。有了坚定的信心，有了无悔的愿力，修行者的奉献行动才更具意义。萨埵的二次舍身，便是对以一己肉身之利益为轻，以众生解脱之安乐为重的大乘佛教义理的最好诠释。而画师精心安排的两次目光的对视，正如刘勰所谓"寂然凝虑，思接千载；悄焉动容，视通万里"，❷ 似乎可以扩展到宇宙间，穿透到每个人心灵深处。我们在第一章中已提到，254窟中的图像在创作之初并非仅仅是供展示之用，在禅观修行中，它还有强烈的启发想象、感动与参与的作用。萨埵对视的图像正好处在与观者视线接近的高度，利于信众将他们热忱的目光投向壁画，参与到萨埵的自我问询中去，与这段慈悲的佛陀心迹建立近距离的深入沟通。

❶《贤愚经·梵天请法六事品》中有多次关于信心的问答。
❷ 语出刘勰《文心雕龙·神思》，其描述的艺术创造过程中想象力与内心情感穿越茫茫时空的特性极富魅力，至今仍给人以莫大启发。

刚柔并济的视觉表现

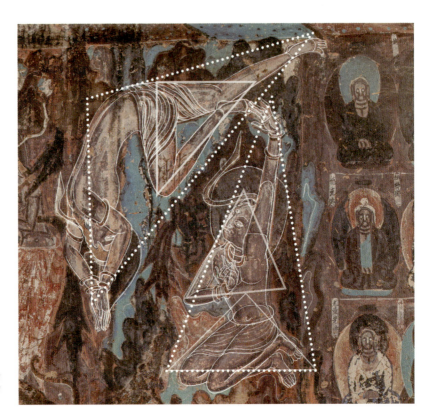

萨埵刺颈与跳崖画面中所包含的三角形造型分解

在跪于山间刺颈的萨埵与跃起跳下的萨埵上,画师均强化了他们动作中包含的几何形态,从跪地的双膝、抬起的手肘,到跳起后刻意收起的左腿,我们可以看到若干三角形的叠加关系,而他所处的环境更是由锯齿状密集的山峰所构成的三角形。在现实世界中,三角状的物体坚固稳定,有鲜明的指向性,其蕴含的象征意义也非常强烈,[1]多为宗教建筑所采用。萨埵舍身的坚定信念,被三角形的内在组合恰当地传达了出来。

画师还将基本的几何构图进一步演绎,将萨埵刺颈的场

[1] 参见王秀雄:《美术心理学:创作、视觉与造型心理》,第269—278页,台北:设计家文化出版事业有限公司,1984年。

景放在了反复叠加的锯齿状三角形群山中，以营造那种逼仄窒息、令人不禁咬紧牙关的紧张感。这让人联想起顾恺之特意将"纵意丘壑，不洵功名"的主人公绘于岩石众壑之中的例子。❶ 在另一幅画中，他又"画险绝之势，天师坐其上"，将道教的高士恰如其分地安置在险绝峭壁之上。❷ 这两个例子都是用整体环境的"形"与"势"来为人物"传神"，构思高妙，令人叹服。

另一方面，刺颈萨埵执竹枝的手姿却如此优美轻灵，如拈一瓣莲花；另一只高举的左手也微张手掌，轻轻下俯，与跃起跳崖萨埵的脚尖相连接。这组动态画面展现出一种舞蹈般的身体语言，每段躯体的空间位置，每个关节的摆动角度都饱满舒展，似乎在时空中凝固与延长，因而大大区别于一般日常动作的偶然与不确定性，极具仪式感。❸ 画师在主要由三角形组合而成的构图内，又加入了这些非常柔软的造型，正如在千钧一发的紧张时刻调入了舒缓放松的气氛，这种"疾"与"徐"、硬朗与轻柔的并置使画面给人以丰富的审美感受，别具意味。萨埵的舍身既如此慷慨壮烈，又如此安然从容，因而他的意志和目光是坚定的，身体状态则是松弛与舒展的，在行动中完成了一种微妙的升华。

刺颈萨埵的手姿

画面的这种对比表现亦可在其同时代的华夏美学传统中寻到渊源。在书法艺术中，很早便有对用笔"疾势"与"涩势"的追求，❹"疾势"为外露的迅疾运动之美，"涩势"为一种内敛沉着的力量之美。❺ 文学创作中也强调"势"的运行必是刚柔相济的，仅强调"势"的慷慨激烈，而没有柔和婉转的元素与之配合，这样的创作就是片面的。❻ 顾恺之曾批评一幅绘画作品，人物造型过于急烈，缺少从容和举重若轻之态，也就是"疾"与"徐"的配合不足，使画面对这位英贤的气概胸襟表现不到位。❼ 反观254窟的画面，视觉语言刚柔相济，更深刻地塑造了经文中所描写的那个因明晰佛教义理、誓愿慈济众生而淡定面对死亡的萨埵太子。

❶ 参见林同华：《中国美学史论集》，第82页，台北：丹青图书有限公司，1987年。
❷ 顾恺之《画云台山记》，见[唐]张彦远：《历代名画记》，第119页，北京：人民美术出版社，1983年。
❸ 此观点得益于刘建先生从舞蹈美学角度提出的意见。
❹ [东汉]蔡邕在《九势》中便已指出"疾势"与"涩势"的审美特征。
❺ 参见李泽厚、刘纲纪：《中国美学史：先秦两汉编》，第572页，北京：中国社会科学出版社，1984年。
❻ 刘勰在《文心雕龙·定势》中写道："然文之任势，势有刚柔，不必壮言慷慨，乃称势也。"参见[南朝·梁]刘勰著，王运熙、周峰撰：《文心雕龙译注》，第279页，上海：上海古籍出版社，1998年。
❼ 顾恺之在品评一幅表现蔺相如的绘画作品《列士》时说："有骨俱，然蔺生恨急烈，不似英贤之概，以求古人，未之见也。"参见[唐]张彦远：《历代名画记》，第116页，北京：人民美术出版社，1983年。

局部三：虎食萨埵

倒地的萨埵，
手腕却举起，
竭力支撑着大虎的脚，
将情感与造型密切地结合起来

吃奶小虎的姿态，
展现出生命力的复苏，
生死相依存，
有着生动的象征意味

萨埵承载支撑着众虎的啖食，
平静的体态蕴含着
画师对其精神维度的深沉领会

  顺着萨埵下垂的长袍与跳崖时伸出的手臂，观者的目光来到了最惊心动魄的一幕——虎食萨埵。俯身啖食的大虎和众小虎们承接了画面上方发愿救虎与刺颈跳崖两部分所传递的"势"。大虎背部的曲线弧度像是建筑中的穹顶，沉雄下压，把"势"传递到了萨埵身上。而众小虎盘桓在萨埵周围，彼此身体筋节盘错、弓背低颈，呼应了大虎的造型，也将"势"汇集到了扑地的萨埵身上。画面的"势"由纵落转为横移，通过萨埵的身体与手的指向，继续在画面中运行。

（左图）在莫高窟宋代第55窟中，萨埵被众虎撕扯得四肢断离，下方的一只虎仔口中衔着他的一只手臂。还有许多类似的图像渲染现场的血腥、撕扯的暴烈

（下图）在日本法隆寺一尊约制作于公元7世纪中叶的玉虫厨子佛龛中的舍身饲虎画面中，被撕开身体、肝肠涂地的萨埵倒在地上，眉眼紧闭

萨埵平静地躺在众虎之间,支撑身体以供众虎撕咬啖食

对比美术史中的种种表现,再回望254窟的饲虎场面,方觉出其中包含的牺牲之肃穆、相互依存的平和与慈悲生命的永恒感,画面极为深刻地呈现了萨埵舍身的真意。

254窟的画师用一种更加细腻动人的细节描绘和沉稳肃穆的整体把握来塑造这一关键场面。萨埵身体横卧担当着猛虎的啖食,他虽然承受着常人难以想象的剧痛,却并没有失去知觉瘫倒在地,而是浑身凝聚着一股结实饱满的力。他胸部在努力地向上挺起,一只手臂向前探出,手掌张开,在紫外光的观察下,腹部的鲜血还清晰可见,但正是这只手,腕部全力支撑起大虎用力蹬地的后腿;一只脚也尽力勾起,让小虎可以稳稳地站立;臀部以及弯曲的臂肘和左腿也顽强撑着地,整个身体在充满变化与张力的同时,又严格处于同一水平线上,呈现着一种刚毅、安宁的稳定状态。正是这些细节塑造,使254窟的舍身饲虎图像突破了寻常的"惊悚写实主义"画法,增加了画面情感的穿透力,画师关注的不是众虎撕扯、肝肠涂地的

惨状,而是萨埵献身时肃穆、坚毅、崇高的宗教意味,从而恰当传达出这个故事所强调的"全力奉献"的精神内涵。"长歌之哀,过于恸哭",这种平静的处理更有助于调动观者对萨埵慈悲心灵的体验,也足见画师对佛教义理的高度理解和艺术匠心。

萨埵在生命即将终结之际,依然全力奉献,以手腕支撑着老虎后腿,两者的造型紧密契合

萨埵担负着老虎啖食的力量

重焕的生机

在舍身饲虎的图像史中，还有一处细节是254窟的创举。萨埵身边围绕着七只小虎，其他的六只都在扭曲着身体进食或张望，唯独母虎腹下有一只小虎正在仰头吮吸着母亲的奶水。就数这只小虎有最精神了，它昂首踞坐，显然已恢复了生机，那姿态就如同门墩上雕刻的小瑞兽。画师将这一场面的重点放在了新生而非啖食上，象征新生的吃奶小虎的正下方就是献出生命的萨埵，他的身体坚如磐石，托起众虎。小虎的尾巴轻轻拂在萨埵身上，仿佛在二者之间建立了某种亲切温柔的关联。母虎啖食了萨埵的肉身，再化为乳汁将这种生命力传递给小虎。画面去掉了暴戾、血腥的视觉外观，变得更加纯净，流露出一种重获新生的欣喜，萨埵所救的不仅是一只小虎，而是一位母亲的希望。

即使在视觉上，这只小虎也起着重要的联系作用。它串联起一条纵向的轴线："势"由举手发愿的萨埵发出，经由下垂的襟袍、啖食的大虎、生机勃发的吃奶小虎，最后到达献身的萨埵。这一萨埵发愿、献身与众虎获得新生的进程，将佛教中最重要的理论基础——慈悲与救度众生的因果关联——视觉化地呈现在观者面前。这条纵轴贯穿画面，成为一条重要的基准线，对此我们还将在后文进一步谈到。

综合来看，虎食萨埵这一幕是整个故事的核心与高潮。如果仅从表象描绘，这只会是一幅惨不忍睹的画面。除了舍身饲虎，莫高窟早期还有很多具有浓郁悲剧色彩的佛教故事画，比如割肉贸鸽、身钉千钉、身燃千灯、施头舍眼、守戒自杀等，惨恻至极。这些故事本身带有原始印度佛教的痕迹，但是传入中国后需要在不同的文化框架间进行调适。朱光潜先生曾指出：西方美学推崇崇高之美，而崇高的内核往往正是痛苦，康德说，崇高的产生，正是由于在痛苦与恐惧中经历了一个瞬间的生命力的阻滞，而立刻继之以生命力的更加强烈的喷射！在西方的崇高美学范畴中，有一种对于痛苦的热爱，尤其在审美与艺术表现上，强烈偏爱令人惊心动魄的

神采奕奕的吃奶小虎与其他六只小虎,吃奶小虎的尾巴轻拂在被啖食的萨埵身上,传达出一种生死关联的温情

悲剧美和令人恐惧的崇高感,将现实的痛苦化为审美的快感,例如我们所熟知的被巨蛇缠绕而死的拉奥孔,盗火后被罚的普罗米修斯。而中国本土的文化传统则尽量避免痛苦,强调哀而不伤,更不愿看到惨不忍睹的毁灭性结局,宁愿在美好结局之中获得和平中正的心理平衡,而不愿在激烈痛苦的宣泄中获得由痛苦带来的快感。❶ 254窟的舍身饲虎图便是佛教经过本土文化调适后的一个绝佳例子,对天发愿的萨埵、镇定从容刺颈跳崖的萨埵、慈悲负荷一切的萨埵,都使这个惨烈悲壮的佛教故事折射出一种精神性的内在力量,超越个人生死并蕴含着坚忍与平和。正如隋代高僧智𫖮大师曾用皮、血、骨、髓来分别比喻戒、定、慧和善心,告诫修行人应像萨埵布施身体一样将戒、定、慧和善心布施给饥饿的众生,❷ 254窟的画师让我们更多看到的也是故事背后的义理与象征性,绝非简单地描摹故事本身。

❶ 参见朱光潜著,张隆溪译:《悲剧心理学》,第84—85页,北京:人民文学出版社,1983年。
❷《金光明经文句》卷第二,[隋]天台智者大师语,录于CBETA电子佛典集成,《大正藏》第三十九册,No. 1785,台北:中华电子佛典协会,2006年。

局部四：亲人悲悼

老父亲转身望向佛塔，将画面带入下一个情节

萨埵在母亲的怀里又恢复了肉身

洒水者为焦灼的场面增加了沁凉的气息与觉悟的契机

悲悼的众人形成了彼此呼应的造型系统

通过最左侧人物顶胯的动态以及伸出的手臂，画面中的"势"发生了戏剧性的反转

  萨埵奋力支撑大虎的手腕，将他身上的"势"指向了画面的左方——亲人悲悼部分，这也是画面中人物最为密集、世俗情感最为浓烈的部分。

  《金光明经·舍身品》经文中，对萨埵太子舍身后众亲人的情形也有细致深入的描写。萨埵舍身时，天地为之震动，日光失色，两位被支走的王兄见此异象，便意识到幼弟肯定是为了搭救饥饿的众虎而牺牲了自己，立即匆忙返还，但只见萨埵的尸骸遍地，不禁悲从中来，晕厥在地。直到有人往他们身上泼洒冷水，两位王兄才苏醒过来，继之又是一阵哀号涕泣，复而赞叹其弟的慈悲功德。摩诃罗陀国王和王妃在宫中也预感到三个儿子其中之一有性命之虞，急忙派大臣、使者出宫寻找，甚至急切地亲自出城寻觅爱子。随后，他们获得探访者的消息，得知最小的王子已被饿虎所食，难免肝肠寸断、忧恼涕泣、闷绝失念。

对洒水细节的表现

（右页图）
一手持水瓶的人，将密集有力的水点洒落到俯身捡拾骨骸者的背上

对应画面，让我们先来看左下方的一组人物。有人扑倒在地，一只手握着一块骨骸，另一只手伸出去够一个装殓萨埵骨骸的包袱，他的下裳随动势猛烈向前摆动着。旁边右侧的人身体微倾，双手伸向他的背部，洒下一些蓝色的点状物。最初临摹时，我们曾一度认为这只是画师当年无意溅出的颜料，并无太多深意。直到后来整理临摹资料时才恍然大悟，他左手握持的原来是一只净瓶，❶ 那么，这些呈喷洒状的蓝色斑点便应该是清水之类的液体无疑了。这一细节促使我们将画面与《金光明经·舍身品》经文的描述进行了认真比对，因为在现存的图像资料和北朝时期译出的经文中，只有254窟的《舍身饲虎图》和《金光明经·舍身品》对洒水的细节有所强调表现。经文末的偈语里，与洒水动作相关的描述出现了四次，其中第四次是一位大臣向国王转述他在山林中遇到的情境，与画面的描绘最为贴近：

复有臣来，而白王言：向于林中，见二王子，
愁忧苦毒，悲号涕泣，迷闷失志，自投于地，
臣即求水，洒其身上，良久之顷，及还苏息，
望见四方，大火炽然，扶持暂起，寻复躄地，
举首悲哀，号天而哭，乍复赞叹，其弟功德。

这位大臣向国王报告，他在树林中遇到了萨埵的两位兄长，他们因为萨埵之死而悲痛晕厥在地，"迷闷失志，自投于地"，于是，大臣找来清水，洒在王子们身上，让他们苏醒，"臣即求水，洒其身上"，这便好像是画中所表现的一人持瓶洒水在另一人背上的场面。王子们在洒水的作用之下，终于醒来，"良久之顷，及还苏息"，可他们苏醒后依然沉浸在剧烈的情感中，举目

❶ 关于净瓶丰富意蕴的考证，可参见扬之水：《净瓶与授水布施：须大拏太子本生故事中的净瓶》，收入《曾有西风半点香》，第230—239页，北京：生活·读书·新知三联书店，2012年。

"扶持暂起,寻复躄地",俯身扑向骨骸的亲人尽显难以自抑的悲哀

所及,皆是烈焰般的苦痛,"望见四方,大火炽然"。经过这种悲恸的打击,刚刚被搀扶起身的王子又向地上倒去,"扶持暂起,寻复躄地",按画面的表现,这位猛然扑倒在地的王子双脚腾空,仿佛展现了王兄忽然发现一处萨埵的骨骸,痛哭扑上去捡拾的那一刹那。王兄内心悲痛,"举首悲哀,号天而哭",正如画面绘制的那位高举起双臂、悲痛呼号的人,他仰起的头、后倾的身体、踮起的双脚,都表现出强烈激动的精神情绪;向下耷着的眼角、绝望的眼神、下咧的嘴,刻画出他涕泗横流的面部表情,所有细节都尽显出他那难以自抑的哀伤。这种直观的视觉表达增加了画面的情感强度,但悲痛的感情又在洒水的作用下产生转化的契机,回归到画面强调的奉献主题上来。画面左下角的两位人物,有别于举头恸

哭者与俯身扑地者，身体姿态变得更为舒展，似乎已从剧烈的情感漩涡中平复，恰如经文中所呈现的，王兄们刚刚还沉浸在无边的悲痛中，旋即觉醒与认同的力量显现在他们身上，经历180度的大反转，"乍复赞叹，其弟功德"，两位王兄忽而从悲恸中解脱出来，摆脱了生死离别之情的悲苦束缚，开始反思并颂扬萨埵舍身所具有的无尽功德。由此，通过这组画面，观者深入体验了两位王兄在洒水的作用下由昏厥转入觉醒的情感历程。

洒水的动作是一种佛经中常见的表现悲伤情感的程式，❶忧伤过度的人们晕倒后往往需经洒水才能被救醒。不过，在佛教中，洒水也包含着赋予人清凉、觉醒、功德等诸多象征意味。❷《金光明经》和254窟《舍身饲虎图》，正是充分利用洒水苏醒这一契机，将人物的情感状态加以极大转变，使他们从世俗情感中超脱出来，由极度的悲痛转到清凉觉照，开始赞叹慈悲功德。而且，图像与经文之间的关系如此微妙，俨然是一出鲜活的演绎。这或许也与当时的佛教宣讲方式有关：为了更好地传播教义，古代僧众将深奥难懂的佛经通俗化，以白话来宣讲，甚至还融入了绘声绘色的讲唱表演，由讲唱人扮演不同角色，向观众演唱、讲故事，从而达到宣传教育的目的。画师可能亲眼见到过关于舍身饲虎故事的讲唱表演，并对其中洒水的动作印象深刻，于是将它用到了自己的壁画创作中，使画面的视觉转折与叙事的情节转折巧妙融合到一起。❸尽管这只是一种推测，但对我们思考北朝佛教美术图像创作过程、经文在画面视觉表现中的作用等诸多问题却不无裨益。❹洒水这个能与经文密切暗合的特别动作，显示出画面设计者对人物内心情感的关注，以及他主动选择文本细节去营造氛围的能力。

❶ 在佛经中有许多相似段落，都用来外化描写人物所经历的内心磨难，参见富世平：《敦煌变文的口头传统研究》，第52页，北京：中华书局，2009年。
❷ 检索《大正藏》中诸多洒水动作，从上下文关系来看，洒水于某某之上这一动作的象征意味很明显，即赋予祝福、攘除不祥。
❸ 郑岩教授对北魏时期画面与文本间的转折性关联亦有探讨。在北魏时期的洛阳石棺线刻画中，山间的强盗俘获了樵夫兄弟，强盗颇具威力，从正面冲向观众而来，随着两兄弟彼此的感情感动了强盗，他们就被释放了，强盗们也在同一画面中背向观众而去，在曲折的林间渐行渐远。随着故事情节的转化，画面的"势"也发生了转化，一切都被和平化解了。参见郑岩：《逝者的"面具"》，收入巫鸿、郑岩主编：《古代墓葬美术研究》（第一辑），第225页，北京：文物出版社，2011年。这表明在北魏时期，艺术坊间那些优秀的画师通过画面的巧妙安排引导出一种情节与情绪的丰富转折并非偶然。
❹ 偈中的洒水动作虽未在经文正文中出现，但由于在经文讲诵偈是具有生动活泼功效的，所以，洒水并觉醒这一场面或因其象征性而被大力渲染。并且，依据现存记载了萨埵舍身饲虎的北朝期间译出经文来看，唯有《金光明经》记述了洒水的情节，而昙无谶所译《金光明经》与之后[唐]义净所译之《金光明最胜王经》尽管被认为依据的梵文原典不同（见郑国栋：《〈金光明经·流水长者子品〉梵汉对勘及研究》，第15页注48及第16页，北京大学外语学院东语系2001年硕士学位论文，未刊行），但在两经的舍身饲虎一段中，在尾偈相近的位置上都提到了大臣洒水令王兄清醒，王兄复归赞叹萨埵功德的事情。结合254窟画面，其舍身饲虎事件从传颂到成文再到被视觉化的过程值得我们深入思考，也期待此一视觉材料能引发更多关于视觉创作与经典依据之间关系的讨论。

顶胯：姿态带来的转折

清凉的水让悲痛的王兄们从迷乱中觉醒，感悟到萨埵舍身的功德。悲悼者剧烈的动态将画面的"势"引导至画的边缘，身着蓝色下裳的王兄屈膝举臂，一腿向前弓出，而最左侧王兄做了个抬胯的动作，好像足球比赛的顶球一样，将冲向边缘的"势"又反顶回画面斜上方。

这位抬胯者的动态非常引人注目，如果改变他的朝向会怎样？我们用电脑做了个有趣的实验，让这个人物的动态朝向画外，结果画面结构顿时变得松散无序。在整幅构图中，他的顶胯动作有一种四两拨千斤的作用，与另一王兄举起的手臂相衔接，使观众的目光在尽头处回转，随着故事情节继续行进。

画面左下角的两位人物，有别于举头恸哭者与俯身扑地者，身体姿态变得更为舒展，似乎已从剧烈的情感漩涡中平复，恰如在经文中所呈现的，王兄们刚刚还沉浸在无边的悲痛中，旋即觉醒与认同的力量显现在他们身上，经历180度的大反转，"乍复赞叹，其弟功德"，两位王兄忽而从悲恸中解脱出来，摆脱了生死离别之情的悲苦束缚，开始反思并颂扬萨埵舍身的无尽功德

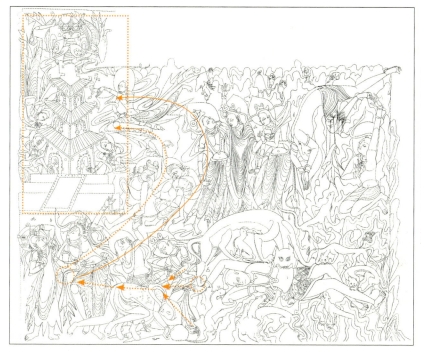

本部分画面自萨埵支撑老虎的手开始，"势"被导出，而后经历几位人物的动态传递与强化，在画面边缘产生了戏剧性的反弹，将"势"导向了画面上方，并分别通过形体与色彩的呈递（橙色线所标示的"势"），汇集到飞天身上，传递给白塔

如果将顶胯者的朝向进行反转，会发现画面之"势"随之涌出画外，无法与上方的情节发生关联

父母的哀悼

顺着画面左下方这两位"乍复赞叹,其弟功德"的王兄身姿的反转,观者原本从右至左看过来的视线再次转向右上方。在这里,我们看到一对白发苍苍的老者抱起死去的萨埵,正在垂泪哀号,他们便是萨埵的父母——摩诃罗陀国王及王妃。当萨埵舍身之际,正在宫中小憩的王妃做了一个梦:三只雏鸽在林野游戏时,一只鹰攫走了最小的那只,这不祥的征兆使惊醒的母亲马上觉察到她的爱子面临灾异。她与国王出宫寻觅,伴随着信使传来的噩耗,她与国王都脱掉了御服璎珞,与众人赶到林中,收拾萨埵的舍利。在画面中,萨埵躺在母亲怀中,再次恢复了肉身,也不见血痕,似乎只是平静地睡着了,唯有悲伤哽咽瘫坐的父母涕泪满面,无望地召唤着爱子的归来。

佛教传入中国,最难处理的就是与儒家孝道的关系了。在佛教与儒道漫长的攻辩中,孝道,孩子与其生身父母之间的情感纽带和责任义务关系,被作为攻击之锤反复击打在佛教义理的堡垒之上。萨埵的舍身奉献虽然使他的兄弟们无尽哀痛,但尚不至于引发伦理上的严重冲突。可当悲哭的年迈父母出现,问题就随之而来。❶ 在数种舍身饲虎的经文中,都没有完满展现出父母对萨埵之死的价值认同。在《金光明经》中,母亲对萨埵的死肝肠寸断,难以接受;在《贤愚经》中,萨埵转生为天人,出现在天空,向他悲痛的父母指出光明的未来,在他的劝慰下,父母"小得惺悟",这就算是父母对萨埵最具认同的表述了,但充其量也只是勉强而无奈地接受现实,在一种惨淡的气氛中以父母回宫而收尾。即使是在价值观极为多元与宽泛的今天,舍身饲虎依然是个相当敏感的题材,它象征着在佛教信仰下走得最远、最决绝的一条道路,这条道路与我们世间生活所看重的价值全然不同。尽管十五个世纪过去了,如果稍加体验,面对萨埵的死而哀痛号哭的白发老父母

❶ 据方广锠先生的研究,印度佛教本无"孝"这个词汇,而采用"报恩"这一说法。佛教认为,释迦在无始的轮回转世中,曾无数次为各个众生做父母,亦为各个众生做子女。因而,释迦并不以某个特定众生为对象而报恩。也就是说,佛教是联系轮回来看待亲子关系的,这使得它的"报恩观"与中国的"孝道观"有很大的差异。见方广锠:《再谈佛教发展中的文化汇流》,载于《敦煌研究》2011年第3期,第96—97页。从这个角度而言,萨埵舍身的核心思路是报恩于广大众生,而非尽孝于当世父母。

萨埵静静地躺在母亲的怀中,如同睡着了一般,表情恬淡

依然会扯动我们的思绪。

画师没有回避这个矛盾冲突最为激烈的时刻。相反,他用一种温情而智慧的方式,既充分传达出年迈父母撕心裂肺的悲痛,又平和坚定地表达了对萨埵舍身取义的颂扬与认可。母亲怀中的萨埵就像轻轻睡着了,从骨骸遍地又恢复到完整的肉身,正如佛经中所说的:萨埵牺牲了肉身,但却获得完整的法身,萨埵真正的生命并没有失去。对比母亲的悲痛,萨埵的父亲似乎已经领会了萨埵的发心与用意,尽管老泪纵横,却还是转过身去,开始礼拜佛塔。

孙绰(314—371)曾在其广有影响的《喻道论》中详细论述了佛教的解脱之道如何同时表现为最高的孝道:一,孩子成佛是对父母生命的根本提升,是孝的极致;二,即使是儒家,也有极为对立的社会美德,如"忠"与"孝"的冲突;三,佛本人就是行孝的典范,他使得自己的父母皈依佛法。顺着这个角度,舍身饲虎与儒家的"杀身成仁,舍生取义"某种程度上便有了内在的吻合,舍生作为成佛的基础是值得的,必将极大利益于父母,同时还将利于广大众生,是在孝道上迈出的一大步。❶

参与这部经典故事形成与传播过程的人们,并没有强行抹平大众心中包含的信仰与伦常的沟壑,并允许这鸿沟沿着事件的进展悄然开裂。舍身饲虎的故事前半部充满萨埵无上的勇气、干脆利落的行动;后半部则任由亲人号啕的泪水润湿了纸面,晕开了字句内矛盾的张力,扩散着基于世俗情感的质疑,凸显出执着而痛切的哀伤,从而使整个事件呈现出一种复杂且付出了惨痛代价的崇高感,而非是一种简明版宗教英雄事迹的说教。这种复杂与内在的张力或正是生活本有的质地,使这个故事充满紧张而又令人着迷的魅力,恰如当年玄奘面对萨埵舍身遗迹时的感受:"人履其地,若负芒刺,无论信疑,莫不悲怆。"❷画师对悲痛者的表现继承并利用了这种冲突,对于我们今天重新体认这一决绝行动背后的艰难不易依然有效。

---

❶ 许理和先生对此做了综合的整理,见许理和著,李四龙、裴勇等译:《佛教征服中国》,第353页,南京:江苏人民出版社,2005年。

❷ 李羨林等校注:《大唐西域记》,卷三"僧诃补罗国"条,第317页,北京:中华书局,1985年。

老泪纵横的父亲看似还在哀悼之中，实则已在礼拜佛塔，与上一品中的洒水者所引发的觉醒有相似的意味

局部五：起塔供养

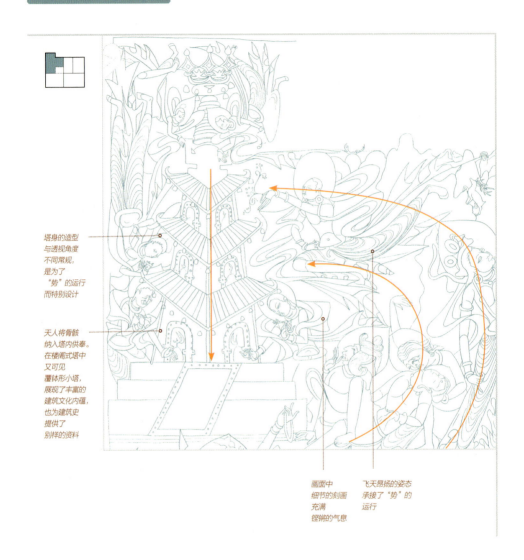

随着画面右下方两位王子回旋而上的动势，经由悲悼父母的动态传递（母亲举臂、父亲回首），以及蓝色衣裙飘带的色彩承接，观众的目光汇集到画面上方的最左侧：白色的塔身，蓝色的屋檐，使这里成为整幅画面中最明亮的部分。飞天环绕佛塔，盘旋于群山之上，如翩翩飞鸿，宣告了苦难与泪水的结束，唤起了对萨埵无量功德的赞美。

明亮的色彩

在佛教中，塔是收敛佛陀舍利的神圣处所。塔的图像在佛教中渊源久远，在释迦牟尼佛涅槃后的很长一段时间里，佛的形象都被认为是不可用人的凡俗之貌来模拟表现的，盛放佛陀舍利的塔便成为象征佛陀存在的圣物，可以说，塔是佛教礼仪活动的核心之一。在画面中，画师运用了舞台聚光灯般的效果，将最为明亮的焦点给了白塔。白色与蓝色的组合，如同蓝天白云的色彩关系，来源于大自然的色调，传达着解脱后的安宁与清凉。相对来说，之前发生的一切苦难都在暗处了。同时，直线与方角转折的造型处理，也使白塔在所有图像中最为明快与清晰。这里是故事的起点，也是故事的终点，它象征着萨埵的慈悲功德，是整个故事的精神所在，因此具有特殊的意义。

外来与本土建筑元素的融合

与右图的金刚宝座塔不同，254窟壁画中的白塔将覆钵形塔收入了塔的本体之中。尽管外形已十分斑驳，但经临摹过程中的仔细辨认，仍能看出天人们正在悲恸地将萨埵的骨骸纳藏其内

在印度及西域地区，塔大都是覆钵形的，当佛教传入中国，塔的形态便逐渐和汉地本土建筑相融合。图中的白塔便是两种文化交流碰撞的产物：佛塔的主体为中原式的楼阁，仔细观察，每一层券拱中还都绘有覆钵形的小塔，天人们从天空飞下，供养赞叹，将萨埵的骨骸收敛供养于其中；而上方的塔刹则取形于西域式的覆钵形塔，塔尖的三个彼此关联的尖叉象征着"佛、法、僧"三宝。这种以砖石为建筑主体、以木构为塔檐、以金属为塔刹的楼阁塔曾大量耸立在中国大地上，在朝晖夕阴中风铎清扬。

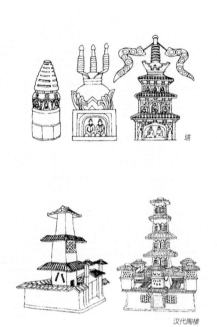

塔

汉代陶楼

源自西域的覆钵式塔顶与中原汉地的楼阁式塔身相结合，成为了254窟所表现的佛塔的基本形制，在塔的底层还有小型的覆钵形塔，用以收纳萨埵的骨骸，呈现出丰富的形制特色（塔的形态左起分别为：北凉石塔、云冈14窟浮雕、云冈11窟浮雕；汉代陶楼左起为：张掖郭家沙滩汉墓出土陶楼、武威雷台汉墓出土陶楼，对比线图出自孙机：《中国圣火》，第286—287页，图5、6，辽宁教育出版社，1996年）

而画面中的白塔，也有一处细节为以往的建筑史所不见。北魏时期的楼阁式佛塔，通常在塔身的四周围绕有四座覆钵形的小塔，被称为金刚宝座塔。而画中的白塔却不是这样，它的基座四周没有小塔，而是将覆钵形的小塔安置在每一层的券拱中，用于收敛萨埵的骨骸。在图像史中，这种楼阁式塔内藏列覆钵形小塔的构造很罕见，但却非常符合此部分起塔供养的情节。

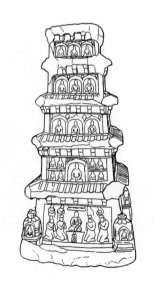

南禅寺旧藏北魏金刚宝座石塔，本体是汉式风格，而在基座周边四角，雕有西域式覆钵形小塔

白塔边的天人张
开地结冒险进入
塔内收殓供养

有悖常理的视觉处理

除了楼阁塔身与覆钵塔顶的组合,画中白塔的形制还有一点很独特,那就是它的塔檐与塔基在透视上并不统一。塔檐为俯视,而塔基却是平视,这是一种矛盾的视角,与我们正常的视觉印象相悖。

尽管更为复杂的透视法是在西方文艺复兴期间被总结出来的,但作为一种人眼的基本视觉特性,初步的透视效果在敦煌的佛教美术中也常有表现。❶ 在莫高窟壁画中,大量的塔类建筑和其他建筑物的透视表现都有一定之规,❷ 颇为复杂的建筑房檐也能够被正确地表现出俯视与仰视效果,纵有不精准之处,也不会出现如此明显的视角矛盾。

反观254窟白塔这种对塔矛盾视角的表现在整个佛教美术史中都很罕见,作为画面中与主题密切相关的建筑物,被表现得如此反常,到底是个常识性错误,还是画师有意为

❶ 关于对敦煌壁画中所使用的"透视"观念的界定,"在此'透视'的概念并不局限于西方建立在严格数学计算基础上的所谓科学的透视,而是泛指有别于正投影的,希望表现出建筑的体积与空间的画法"。见萧默:《敦煌建筑研究》,第268页,注一,北京:文物出版社,1989年。

❷ 敦煌建筑画中采用的透视画法,绝大多数都是一点透视,只有少数方形塔为两点透视或45度轴测投影。整体呈现出比较符合规制的透视表现思路。见萧默:《敦煌建筑研究》,第268页,北京:文物出版社,1989年。

北朝期间莫高窟较具代表性的塔的图像,大都被表现为统一的透视,而254窟的白塔则表现出一种反常的矛盾透视,在上下两端的仰视与平视视角中,加入了俯视的视角(后三塔线图采自萧默:《敦煌建筑研究》,图117、103、115,北京:文物出版社,1989年)

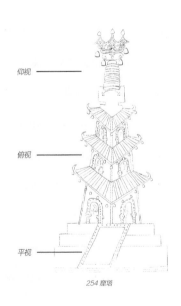

254窟塔

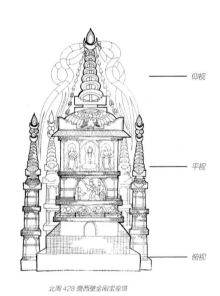

北周428窟西壁金刚宝座塔

盛唐 31 窟　　盛唐 23 窟

隋代 302 窟

盛唐 217 窟　　榆林窟五代 33 窟

敦煌莫高窟壁画在隋唐之后出现的塔的图像，在透视处理上更呈现出"合理化"与"客观化"的趋向，将复杂的建筑结构绘制得中规中矩。254窟这样的透视处理更是没有再出现了（线图采自萧默：《敦煌建筑研究》，图113、107、99、109，北京：文物出版社，1989年）

平视

平视

平视

俯视

北魏 257 窟南壁阙形塔与砖身木檐塔

之？为此，我们做了各种尝试性的改变。

首先把塔檐改为与塔基相同的平视，这似乎是最正常的选择。可是，通观全画，这样的造型显得太过平稳，缺乏表情，显然不能令人满意。

那就换种方式，使塔统一为俯视。结果呢？从萨埵发愿、刺颈到白塔基座之间的水平连线被折转的塔基破坏了，画面的基准线失去了平衡。这种改变使得整个画面变得不稳定，表现力也就大大降低。

为了强调塔的高耸感，可以加强塔檐的仰视效果，塔基则保持平视，这种反差更加强了塔的高耸效果，这些仰视的塔檐的确带给画面的这个角落一种上升感，但在整幅画中，偏处一隅的塔已经紧紧顶在了画角，并没有足够的空间来展开这上升的"势"。并且，在佛教义理中，重点是解脱生死轮回，而不是转生到天国。萨埵的意愿不是去往彼岸，而是生生世世的奉献，回到众生才是他的目标。不同于西方的基督教艺术，我们很少见到以高耸接天为意向的佛教艺术造型。此处白塔若极力表现向上的趋势亦不适合。

可以想见，当初画师一定费了很多心思斟酌，最终选择了这种看似矛盾的构造方式。参照《金光明经》的叙述，我们似乎可以体会到他的良苦用心。在经文中，舍身饲虎的故事是被放在一个轮回的时间结构中讲述的。往昔，佛陀的前世——萨埵拯救了老虎们，如今，众虎们在轮回中转生为人，成了佛的弟子，佛陀还将继续给予他们以佛法的教育，也就是生命的更进一步的救渡。下压的塔檐，将画面的"势"和观者的视线重新带向画面的下方，又顺着塔基的水平线，回到萨埵的发愿与舍身。这个看似矛盾的视角，却为画面创造出了一种绵长悠久、回味无穷的"势"之循环，既保持了画面的稳定，又强调了生生世世救度众生的誓言。当观者的视线沿着下指的塔檐到达塔基，然后沿画面的中线回到发愿与刺颈的萨埵，不知不觉中，他们会感受到一种坚毅、优雅、哀而不伤又复归于振奋的气息，思绪也随之深入一层。

平视

被统一为平视视角的白塔,缺少了情感的张力,令画面的整体氛围变得相对平淡

俯视

将塔的视角统一为俯视,则破坏了画面的基准线,使得画面失去了稳定感

仰视

平视

将塔檐绘制为仰视后,画面"势"的运行被导向了画的顶端,缺乏足够的空间使之回旋并产生更多视觉与心灵上的影响力

"势"之运行

当观众顺序看过画师精心选取的五个场景，不难意识到，这幅壁画的创作者，一直在利用姿态及色彩等造型语言，引导着观者重新对这个著名的佛教故事进行深入体会。这种视觉上的方向感和运动性，在中国传统美学中可被归为"势"的范畴，它超越单个具体的物象，代表了一种带有趋向性力量的运行与转化，使有限的画面蕴含着可被感受到的力量与生机。"势"的营造，尤被古代中国人看重，风水堪舆有龙势，军事打仗有阵势，书法运笔有笔势，文章结构有文势，在绘画艺术中同样如此。"势"的连接与承递往往与画师最想传达的核心主旨紧密关联，在潜移默化中将分散的物象与情节贯穿起来，赋予画面精神性的同时又调动观者的主观感受。在前面的局部分析中，我们已经多次提到"势"的引导作用，下面就更整体地总结一下"势"在这铺壁画中的运行。

首先，通观整幅画面，我们会注意到画师早已埋伏下的两条基准线：垂直方向上，发愿的萨埵王子的长袍，形成向下的视觉趋势，指向吃奶的小虎，它昂首挺胸的姿态表达了重获生机的喜悦，而小虎脚下就是献出生命的萨埵。舍身伏地的萨埵就如牢固的基石，将小虎的生命托起，小虎的尾巴在萨埵的胸口轻拂，两条生命间似有一种默契与沟通。都是视觉的实现，全无一句说教，把发愿、舍身奉献与获得新生联系了起来，产生了生死相托的象征性；水平方向上，右边舍身刺颈的萨埵，与左边象征成佛的白塔的塔基，连成一条直线，将萨埵的舍身与未来的成佛贯穿了起来。两条基准线，一纵一横，从献身到新生，从舍身到成佛，因果关联，既具有佛教的义理，又建立了画面的内在视觉框架。"势"的运行和丰富的细节在这一框架内变得井然有序，意味深长。

另外，我们再看这一纵横骨架之上"势"的运行。萨埵举手发愿、刺颈跳崖两部分的动势汇合，传递到躺在众虎之间的萨埵身上，又通过萨埵的身体与手的指向传到悲悼的王兄，再经由王兄身姿的转折，来到哀悼的

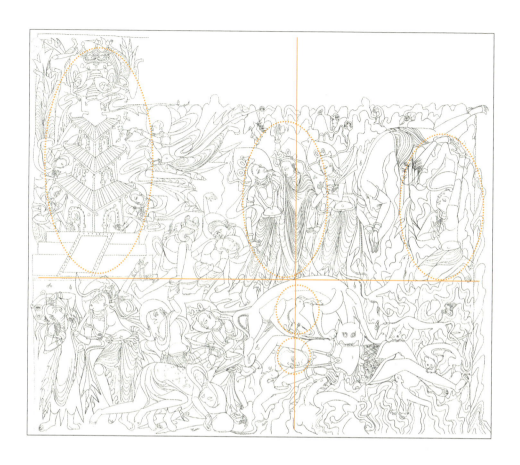

父母,进而曲折绕行至最终的白塔。但一切并未结束,白塔的蓝色塔檐又将我们的视线引向塔基的基准线,再次与舍身奉献相连。处于各个时空片段中的人物在"势"的作用下彼此关联,共同构成了对萨埵慈悲精神的完美演绎——对天发愿的坚定,刺颈跳崖的决绝,拯救生命的担当,以及亲人经历无尽悲痛后的纪念赞颂,这一切通过复杂、精确的构图和造型处理,每个局部既是其自身,又是整体运行力量的一部分,饱含象征性与精神性,具有强烈的艺术感染力。

这一横一纵的内在框架,以及围绕框架展开的"势"之运行与情感的表现,也让我们联想到魏晋南北朝时期另一个重要的美学概念——"风

画面中暗含一横一纵的基准线,从献身到新生,由舍身到成佛,因果关联,传达了佛教的义理,也为画面纷纭复杂的视觉表现建立了内在的框架与依据

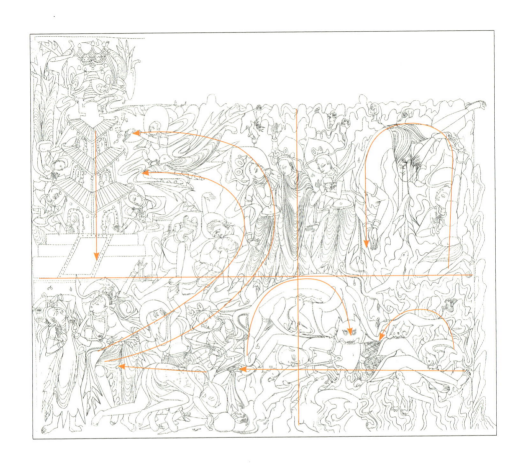

图中所包含的横纵关联之"势"形成了画面的"骨",在此基础之上,画面各个部分的"势"连接汇通,充分展开

骨"。慈悲奉献、舍身成佛的义理是"骨",承担着画面的内在凝聚之力,虽然未必能被一下子明确察觉,却在观看中起到统领作用,是那些丰富曲折的情节背后的骨架;而连接画面各个情节的"势",则是情感充沛、负责调动感染之力的"风",细腻、跌宕、深入人心。二者统一在作品中,将严密的佛教义理与动人的情感表现相结合,呈现出主体人格的崇高之美。

对比所有舍身饲虎的图像史,从早期西域及克孜尔石窟限于菱形格内的简化表现,到敦煌后期及中原地区乃至日本的多种样式,似乎再没有哪个画面试图在一个狭小的空间中建构如此复杂的"势",承载如此多彩的形象、严密的义理、深邃的象征与情感，这也正是254窟这铺壁画如此为现代观众所激赏的重要原因吧。尽管我们无法得知一千五百年前，这位画师下笔时的全部思绪，也无法了解萨埵究竟带给他怎样的内心震撼，不过，他把自己的信仰和情感饱含匠心地凝结在这块古老的石壁上，让它穿越千年，至今仍在观者心中回荡。

第三章

北壁 | 尸毗王割肉贸鸽

画面中的动静正反相合之势，
交汇于尸毗王身上，
再一次让观者目睹了人性的慈悲与担当。

《尸毗王割肉贸鸽》在254窟北壁中的位置

看过南壁的《萨埵太子舍身饲虎》,我们已经大致了解到一点敦煌254窟壁画所表现的内容及艺术处理方式。接下来,再来看一幅北壁的《尸毗王割肉贸鸽》,它在254窟中与《舍身饲虎》南北相对,大小面积相仿,处于同一水平带上,讲述的都是释迦佛前世的本生故事。中国古代的建筑、装饰非常讲究对称布局,往往会将紧密关联的内容安排在左右对称的位置上,因而观众欣赏的时候,也要将它们还原到一个整体的环境中去解读,避免孤立地看待单独图像。如果说《舍身饲虎》的画师通过他的高超技艺颂扬了人性的慈悲与担当精神,那么《割肉贸鸽》的故事又在表达什么呢?

(右页图)
《尸毗王割肉贸鸽》全图

割肉贸鸽的故事与图像

254窟开凿前约半个世纪，慧觉等八位来自河西地区的僧人到西域的佛教重镇于阗求法取经，恰逢五年一次的盛大法会，聚集了大量高僧的讲经说法与讲唱表演，他们分别将耳闻目睹的内容记录下来，并译为汉语，日后汇总为一部脍炙人口的经文《贤愚经》。这是一部很特殊的佛典，虽名为"经"，但实际上是一部"佛教故事集"，它所收录的很多故事在敦煌早期壁画中都有表现，舍身饲虎和割肉贸鸽的故事均在其中。为了便于理解，先让我们依据经文对尸毗王的故事有一个白话演绎。

> 在遥远的过去，一位天神寿命将尽，正在愁苦地寻找未来可以归依的转生之地。他仰天长叹："当今之世，佛法已灭，也不见行大慈悲的菩萨，我的心该往哪里归依？"他的大臣向他建议："在人世间有一位国王，他慈悲慷慨为众生，他就是人们所传颂的尸毗王，未来可以托生到他的国土。"天神将信将疑，决定亲自考验这位国王的至诚。
>
> 突然，一只鸽子猛地飞出，一只鹰在其后追赶，双方急坠而下，冲破重重云层，落到尸毗王身旁。鸽子扑扇着翅膀，因恐惧而泪流盈目；老鹰也追逐而至，雄踞于尸毗王的脚边。
>
> 鹰："大王，这是我的食物，我已饥饿不堪，请速归还于我。"
>
> 尸毗王："我发愿要庇护一切困苦的众生，我怎能让你吃它，我会给你其他的食物。"
>
> 鹰："大王，我也是众生之一啊！但我只能吃新鲜血肉，不然我就会饿死。"
>
> 尸毗王想，若要救鹰性命，必要害一性命，这不能算作行善事。于是取出锋利的刀子，从自己的大腿上割下一块儿肉递给鹰，希望以此换下鸽子。

鹰:"大王,何必如此受苦?把小小的鸽子还给我就好了。"

尸毗王:"慈悲与担当是我的誓言,我不会放弃。"

鹰:"既然大王如此平等看待一切众生,我虽是一只鸟,也绝不诳你。你就拿等重的肉与鸽子交换好了。"

尸毗王命人擎秤上殿,将鸽子放上一边的秤盘,然后将割下的肉放在另一边的秤盘。可是,无论如何,割下的肉都无法与鸽子等重。大腿的肉割光了就割两臂两胁的肉,直到浑身的肉都割尽了还是不能使秤平衡。这时,大王站起身来,打算整个人坐到秤盘上去。可肉体的痛苦已令他气力不济,一下子瘫倒昏迷在地,过了好一会儿才苏醒过来。他责备自己:"我从久远劫来,在生死六道中徘徊,周而复始,停滞不前。现在正是勇猛精进的时刻,怎么可以懈怠、迟疑呢!"于是他拼尽全力,坐在秤盘之上,终于达成心愿,满怀欣喜。在天地的震动中,秤盘两边平衡了。天人们在虚空中见到尸毗王行如此难行之事,纷纷泪如雨下,撒花朵供养。

天神和大臣也从鹰和鸽子变回原形,向尸毗王发问。

天神:"你这样做是要追求什么?是想成就来世的名誉、权力和地位?"

尸毗王:"我以慈悲的布施,为了成就觉悟的道路。"

天神:"你的痛苦彻入骨髓,你的身体战栗不停,你的气息微若游丝,你对自己的慈悲之举有悔恨之意吗?"

尸毗王:"我从决意庇护所有困苦众生之时起,便无丝毫悔意,如果我所求的觉悟之道至诚无虚,请以我的身体为证,我的身体将复原如初。"

在天人们的赞叹中,尸毗王的肉身复原如初,甚至更有光彩,更加美好。

尸毗王便是释迦牟尼佛的前世,为众生不顾身命,终于证成菩提,修得佛法。

和舍身饲虎的故事一样，尸毗王割肉贸鸽的故事同样包含了人们对慈悲与意志力的极限想象，引发人们对于舍身奉献精神的歌颂与赞叹，在中外佛教图像史中被广为表现。而各地对同一主题的不同取舍处理，也折射出丝路上丰富多元的美学传统。

在印度阿旃陀石窟中，尸毗王从容与眷属和孩子辞别，轻轻扶着秤盘的绳索，一脚跨入秤盘，一手伸出，正给予众人以离别的祝福。他目光上视，似乎越过了人群哀伤的视线，看向远方，颇具英雄气概。

犍陀罗地区的石雕，受希腊艺术影响，更注重"客观世界"的再现。在这块石雕上，尸毗王被安排在画面的边缘，展现出他所承受的困境：试炼他的天神注视着他，而此刻，尸毗王正因肉身的痛苦而瘫坐椅中，他的一只手无力地垂在椅子边缘，另一只手则扶着眷属的背部，似乎正要努力抬起头，去呼应天神的目光，兑现并未消泯的誓言。他肉身的痛苦与精神的顽强，令人印象深刻。

新疆克孜尔地区的《割肉贸鸽》图像比较简略，只在菱形格的画面中绘制出最简约的场面。

敦煌北凉275窟的《割肉贸鸽》，在一字展开的横卷式构图中，顺序表现了尸毗王从割肉到坐上秤盘的时刻，有助于信众了解故事的要点。

而254窟的《割肉贸鸽》，尸毗王居于中央，突出醒目，在比例上远大于周边其他人物。画面中很多细节都透露出来自西域图像的影响，例如尸毗王身披的条纹状织物，类似印度阿旃陀石窟壁画；而尸毗王的坐姿，也可在遥远的印度找到源头，印度一件石雕中的尸毗王坐姿与254窟的表现犹如镜像，十分相似。可是，我们眼前的这铺壁画却在飞扬的动态中特具一种内在秩序与庄严仪式感，它又具体使用了怎样的绘画语言来向观众讲述这个被反复讲述的故事呢？

犍陀罗地区的
石雕

印度阿旃陀石窟

北凉275窟尸毗王

新疆克孜尔石窟

局部一：试炼与考验

鸽子落在尸毗王手上寻求庇护

逃避老鹰追猎的鸽子

鹰自天空俯冲而下

鹰与鸽子结束了考验，又变回天神，他们对尸毗王的动机提出质询，又为尸毗王的慈悲意志所服膺而合掌礼敬

画面最右侧站在持秤人和天神旁边的是尸毗王的臣民，他们眼见尸毗王的无畏之举而举手顿足、号啕痛哭

尸毗王命人从他的腿上割肉，割肉者红发髯须，睚眦劲张，手持利刃，更见尸毗王的淡定

一人拎秤衡量

尸毗王整个身子坐进秤盘，要以整个肉身换取秤盘对面的鸽子的生命

鹰虎视眈眈地与尸毗王谈条件

这铺壁画将不同时刻发生的事情组织在同一幅画面里：鹰从天上俯冲而下，小鸽子落在尸毗王手上寻求庇护；尸毗王让人从他的腿上割肉，鹰则立在脚边与他谈条件；一人拎着秤衡量，尸毗王整个身子坐进秤盘，即将与鸽子等重；鹰与鸽子结束了考验，又变回天神，他们对尸毗王的动机提出质询，尸毗王再次表达了为救度众生纵死无悔的决心，誓言应验，肉身恢复圆满如初，天神合掌向他礼拜。

　　画面对故事的铺陈都围绕尸毗王展开，他既满怀慈悲之心发愿要搭救鸽子与鹰的性命，又不惜一切代价履行诺言坐上生命的天平，既是在舍身，又是在接受考验和质询，最终，顺着天神注视目光的引导，全画的重点落回到尸毗王竭诚奉献和求法护生的坚定信念上。《贤愚经》开篇的六个故事，都特别突出释迦在历生历世积累善行的过程里作为奉献者的发心与愿力，只有具备了利益众生的博大愿力，修行者的奉献行动才更有意义，秉持善道的人们一定要克服各种意义的危机，才能成就真正的爱与善，否则仅凭蒙昧昏聩之善是无法达到佛教强调的解脱彼岸的。大臣劝天神投往尸毗王之国，必是已经知道他"志固精进，必成佛道"，但天神坚持先要试一试，才能确定他是不是至诚。大臣说，像这样的菩萨应该好好供养，不应该以难事加苦，但天神认为，这并非存心加害，而是要看他在最艰难的时刻是否真能通过考验，所谓真金不怕火炼。这种试炼真金的意向，让我们想到了舍身饲虎壁画中萨埵关于生死的自我对视与问询："付出生命，你后悔吗？""你这样做是为了什么？"画中形象虽然沉默无语，但画师却通过富有意味的造型让他做出了最好的回答。

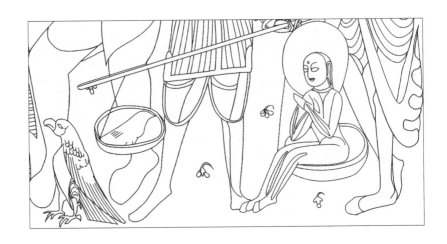

　　254窟所绘尸毗王的坐姿十分微妙。首先,他身体当中蕴涵着内在的水平线与垂直线,重心很稳。尸毗王胸前本有一条斜向的饰带,顺着他倚侧的身姿向右摆动,但画师感觉这样不够稳定,于是又饱蘸色料,肯定地绘出另一条垂直方向的饰带,与水平盘起的左腿构成直角,求救的小鸽子正好落在两条直线的交汇处,被大王的掌心轻柔托起,准确传达出尸毗王庇护生命的坚定信念。然而,他并非僵直地坐在那里,他垂首含颔,上身微倾,头、颈、肩的关系处理得恰到好处,仰一分则显自傲,低一分则显自怜,在笃定庄严中又透出一种从容淡然。这样的姿态在日常生活中难以随意做出,因而更具有升华后的仪式感。

　　尸毗王的眼帘垂向斜下方,一直将观者的视线带到画面右下角,在那里,尸毗王正双手合十,全力坐上秤盘。尸毗王俯视的目光如同望着过去舍身的自己。与彰显佛性之慈悲与坚定的伟岸坐姿相比,牺牲的肉身被处理得非常微不足道。画师并没有突出表现故事中的这一核心情节。古埃及壁画中也有通过天平来权衡生命的价值的图像,那是为了保佑亡灵永得安息;尸毗王主动坐上秤盘,却并非是为了个体的利益,而是要去帮助一切众生。也正因如此,他终于以其慈悲之心与坚定信念通过了天神的考验,使得秤盘向他这一侧倾斜过来。

局部二：眷属的劝挽

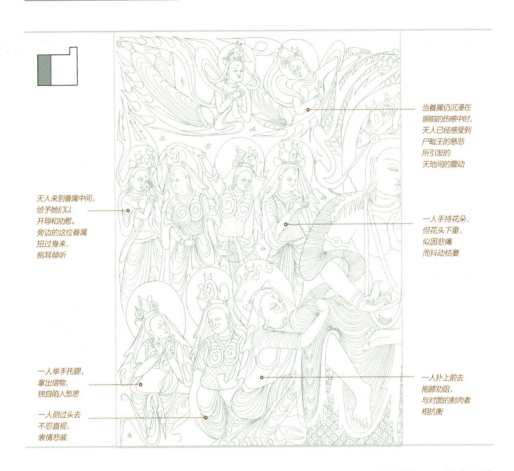

当眷属仍沉浸在眼前的伤感中时，天人已经感受到尸毗王的慈悲所引发的天地间的震动

一人手持花朵，但花头下垂，似因悲痛而抖动枯萎

一人扑上前去抱膝劝阻，与对面的割肉者相抗衡

天人来到眷属中间，给予她们以开导和劝慰。旁边的这位眷属扭过身来，侧耳倾听

一人举手托腮，拿出信物，独自陷入愁思

一人侧过头去不忍直视，表情悲戚

　　画面左侧中下部六位着龟兹装的女性是尸毗王身边的眷属，她们同处于悲痛之中又有着各自不同的身体语言与内心活动，或双手托腮，或上前挽住尸毗王的膝盖。上排最靠近尸毗王的一位家眷手持鲜花，但花头已经下垂，似因悲痛而抖动枯萎，一向运笔稳健的画师有意将花枝的线条画得颤动不已，生动地将人物的内心情感外化出来。画面最右侧站在持秤人和天神旁边的是尸毗王的臣民，他们眼见尸毗王的无畏之举，也是举手顿足、号啕痛哭。

　　当凡人们还都沉浸在眼前的伤感中，天人们却感受到尸毗王的慈悲所引发的天地间的震动。最左侧的天人来到眷属中间，给予她们以开导和劝慰。旁边的这位眷属扭过身来，侧耳倾听，仿佛正在领会尸毗王舍身的真意。

"势"之相合

与对面的《舍身饲虎》一样,《割肉贸鸽》与上方佛龛结合处也有一块高出规则矩形的画面,《舍身饲虎》利用这一部分绘制了高起的白塔,而《割肉贸鸽》利用这一部分绘制了从天而降的飞天。佛经中描述,尸毗王通过考验后所割肉身复原如初,天地都为之震动,诸天人翩然而至,奏响乐音,撒下花雨,空中满是香气。画中飞天的翩翩身姿与裙带,将自上而下的动势传递给俯冲疾飞的鹰和鸽子,聚焦到尸毗王身上;而尸毗王倚侧的头和上身先是给这一股强烈的动势让出空间,又通过弯折的手臂和腿膝将其顺势转到画面下方称重的场面。

面对全幅的布局时,这种动静之势间的融合与转化就显得更为清晰了。借助现代紫外光观测,尸毗王的裙裾上已经褪色的部分呈现出繁密而波动的衣褶,它们与画面上半部那些飞动激荡的形象相连接,形成了一个倒三角形;而以尸毗王的宝冠为中心顶点,以最下排人物为底边,又可以看到一个稳定的正三角形,人物的目光仍是联结画面的潜在纽带:挽腿的眷属哀婉地注视着中央的尸毗王,而尸毗王则镇定地注视着自己的右下方。画面中的两个三角形,一静一动,一正一反,彼此交集于尸毗王的身上,既从容镇定又激昂飞扬,将动静之势完整地关联起来,成功塑造出一位既在痛苦中战栗,亦因慈悲之心而无怨无悔的人物形象。这位尸毗王将生命的价值权衡把握在自己手中,超越了权势、财富对人的标记,再一次让观者目睹了那超脱个体小我、联结众生和宇宙的力量——人性的慈悲与担当。

《尸毗王割肉贸鸽》
"势"的分析图

第四章

南壁 | 释迦降魔成道

画师将攻击的魔众与镇定的释迦并置，充满力量与意志的较量。表现了释迦在修行的关键时刻，通过慈悲、智慧与意志，降服心魔，最终悟道成佛的故事。

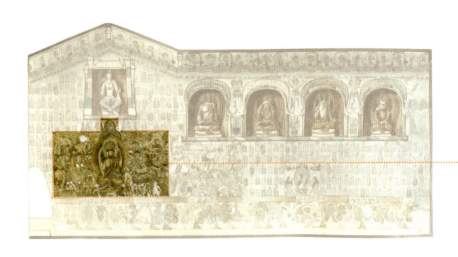

《释迦降魔成道》
在254窟南壁中
的位置

释迦牟尼本是古印度加毗罗卫国的太子，生而荣华，享有富贵，过着无忧无虑的生活，但却在出游城门时看到生老病死诸种人生的苦相，对生命的价值和意义产生怀疑。他立志要为众生寻找解决之道，于是摒弃繁华、离宫出家，隐入山林独自苦修，经过漫漫六年，身形羸弱不堪却仍不得其解。之后，他放弃苦修，恢复了精神和体力，来到一棵高大的菩提树下，凝神定思，静坐冥想，并立下誓言，必要成解脱道。然而，就在悉达多太子即将证悟之时，太子的修行惊动了世间象征欲望的魔王波旬（Mara），他担心太子一旦得道，众生必将皈信，世人若离利欲，自己的国土便会荡然无存。趁着悉达多慧眼未开，魔王带领三个女儿及魔军把太子团团包围，先诱以权力，又以魔女挑逗，继而动用武力，希望可以消磨他的意志阻碍其成道。但太子依然静坐，毫不动摇，经受了权欲、情欲、贪欲的考验，终于战胜了魔王，成等正觉。这是人类精神史上的一段传奇历程，它跨过漫漫丝路，来到古老的敦煌，被绘制在敦煌莫高窟第254窟的南壁，距今已有一千五百多年的历史。画面表现了悉达多，也就是未来的释迦牟尼佛，在修行的关键时刻，通过慈悲、智慧与意志，降服心魔，最终悟道成佛的故事。

（右页图）
《释迦降魔成道》
的原作图

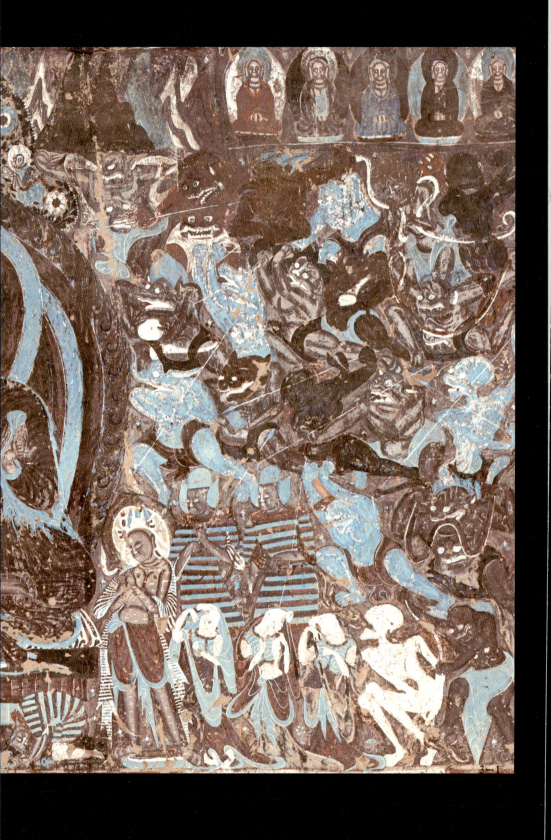

降魔成道的故事与图像

记载降魔成道这一事件的经典比较丰富，北朝期间就有《佛说观佛三昧海经》《过去现在因果经》《佛所行赞》《普曜经》等，这些经典在254窟开凿之前都已经被翻译出来，并且都有一定程度的流行。尽管各版本的具体情节略有不同，但所有故事的重点都集中在魔王率领魔众对菩提树下禅坐的太子发起轮番攻击，但释迦始终镇定自若、不慌不惧、从容应对。无论魔女施以美色诱惑，还是魔军使用武力攻击，都被释迦以禅定、智慧和慈悲化解。最后，魔众溃不成军，武器被折断，一切的攻击都被阻滞，花束从折断的武器中生长出来，花朵也从空中瓣瓣飘落，原本充满魔众们嗔恨、贪婪与愚痴的烈焰的空间被转化得祥和、安定而美丽，魔众们大受震动，纷纷降服，而释迦也经受住了关键的试炼，证得觉悟。

降魔成道的题材同样拥有漫长悠久的传播历史。如果我们将目光投向漫漫丝路，便会发现，沿着佛教东传的路线，存在大量降魔成道图像，从炎热的中南印度开始，再来到群山环抱的犍陀罗地区，之后又跨过帕米尔高原，跋涉过漫漫戈壁，进入中国的广大地域。我们可以看到佛教美术跨越千山万水所发生的有趣变化，看到古代匠师从文化、审美、技巧等方方面面出发对这一主题进行的不同塑造。这期间，《降魔成道》画面的构图方式并不像《舍身饲虎》那样发生了截然迥异的多种变化，而是基本保持一致，都是释迦居于中央，周边为魔众围绕的中心对称式构图。现存较早的印度桑奇大塔石雕上，虽然佛像还没有直接被表现，而是用佛塔等来象征，但其中心式构图的原则已经确立。尔后，从印度佛教艺术的传播之路来看，降魔成道的中心式构图以其强烈的对抗性与表现力，一直广为流传，成为一种经典构图方式。不过，若

现存较早的印度桑奇大塔的降魔成道图，其中的魔众以印度土著为原型，表情怪态百出，滑稽诙谐

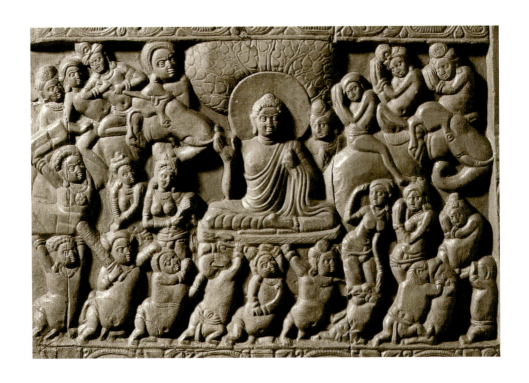

印度地区的魔众
（龙树山考古博物馆藏，3世纪）

具体到对魔众的表现，各地的图像却千差万别。印度的魔众以南亚的土著民族为原型，诙谐滑稽，身材短小，攻击时怒目圆睁，夸张地手舞足蹈，做出一副恐吓的姿态，失败后又惊慌失措地逃跑，彼此撕咬、踩踏，笑料迭出。犍陀罗地区的佛教艺术受到希腊风格的影响，魔众的形态写实，动态变化都不大，匠师似乎更关注紧张对峙的瞬间，有一种大战前的宁静肃穆。新疆地区壁画中的魔众，大多延续了西域来的风格。而254窟壁画中的魔众，却与西域传统不同，更多吸取了中国本土文化的元素。这铺壁画在不到五平方米的壁面上，绘制了六十一个形态各异的人物形象，力量感十足，通过释迦与魔众的强烈对比来营造画面的整体之势，兼备喜剧的嬉闹感与深沉的精神内涵，是一件佛教美术史中的精品。下面，就让我们通过这古老的壁画，去体验释迦生命中的困顿与觉醒，去探求人类精神深处的自我对立与觉悟契机。

犍陀罗地区的魔众动态变化甚小（3-4世纪）

犍陀罗地区的降魔成道图，魔众们似乎被震慑住，反映出希腊化的写实风格与强调肃穆的审美取向

局部一：释迦

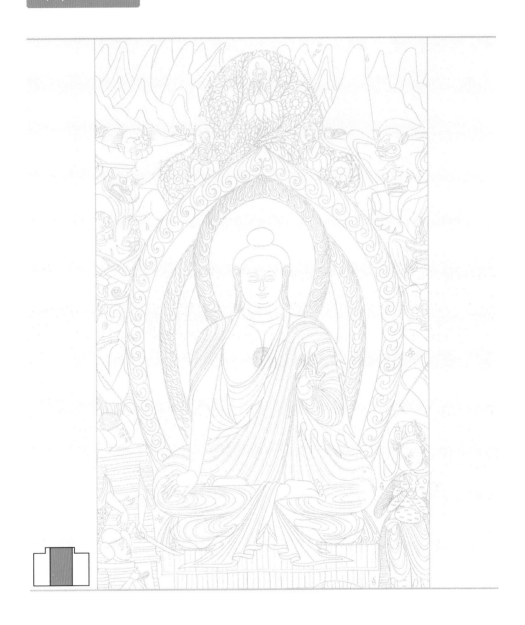

　　与另外两铺壁画中的萨埵和尸毗王不同，作为核心人物的释迦稳居画面中心，他正处于禅定状态，结跏趺坐，右手直伸下垂，施"触地印"，这是佛陀成道时所结的印相，意为"请大地作证"，可降伏一切妖魔。

  面对魔众的攻击，他从容不迫，也不需要任何武器，救度众生脱离苦海的大誓就是他身披的铠甲，无私奉献奋不顾身的大我就是他手持的弯弓，明了因缘圆满觉悟的智慧就是他锋利的宝剑。财富、权力、美色这些人间的欲望都不能使他动摇。他看到，嗔恨之火必将反扑己身，而贪婪铸就的繁华转瞬即逝，我们的生命绝非为此而来。

  悉达多在深深的静观中见到了所有的众生，那些本为至亲至爱的人，却在生命的流转中为心魔所困，彼此相忘，陷入相互掠夺、杀戮与奴役之中，他为此感到深深的悲悯。他初次见到人生的痛苦时，曾无助地离开，现在他终于明白，只有直面内心，才有解决之道。"请大地作证，为了找到真正的自己，不受贪婪、嗔恨与愚痴所蒙蔽的自己，我绝不退缩。"宇宙壮阔，天地静美，慈悲、智慧与意志是生命的源泉，它来自大地，来自众生。启发每个人生命中本有的智慧与信念，终将汇成宏伟的力量。

  最终，悉达多降服心魔，完成了最关键的考验，被尊称为释迦牟尼佛。他身后的背光充盈而圆满，坐姿呈稳定的三角形，庄严挺拔，一团花树在背光顶端勃勃绽放，天人跪坐其间，传达出佛陀获得证悟的喜悦。

局部二：魔众

攻击的魔众

犹疑的魔众

臣服的魔众

双头怪

骷髅怪

魔军

白象怪

持蛇怪

  与其他地区的图像相比，254窟的降魔成道对魔众的表现极为突出。经文描写的魔众千奇百怪、形象各异，手持刀、剑、戟等各类武器，向释迦发起震天动地的攻击。254窟的画师非常有创造性地表现出了魔众们丰富的形象与心态。画面上的双头怪，如经文所言，将头一而再、再而三地膨胀、分化，正是画师的匠心独运，创造出这个欲壑难填的形象来象征无尽的贪欲。骷髅怪虽形容枯槁，但却七窍出火、怒气冲天。愚痴之状更是弥漫在魔众之中，笼罩四野。在"贪、嗔、痴"三毒的统摄下，魔军兵将们各逞其能，包围着释迦。一对魔军士兵前后配合，张弓搭箭，眼睛瞪得如牛铃一般，怒视着瞄准释迦。白象怪双臂环抱一块大石，要劈头砸下，而鼻子则卷住一把短刀挥舞得簌簌生风，手、鼻并用的攻势凌厉无比。持蛇怪手中的长蛇从他的耳朵钻入，然后又从嘴中吐出，一种扭曲、阴郁的情绪控制着他，裹挟着他发起攻击。还有一个魔怪举起大山要砸向释迦，似乎万仞高山亦不敌他的蛮力。更有持长矛的虎头怪，张目吐舌，全部的力量汇集一端，刺向释迦。涌动的魔众中，除了着铠甲的人形魔军，还充斥着牛头、马面、骷髅、熊首、鹿首、羊首、鸟首以及众多难以叫出名字的怪兽。画师在塑造这些想象当中的形象时，更多吸收了汉魏以来中原本土生动活泼的造型传统，比如那些拼尽全力一搏的魔众，身体紧绷，反身发力，整个动势成一条弧线，将力量灌注于一端，这与西汉马王堆汉墓中神怪的绘制方式如出一辙；另一组魔众两腿一前一后发力（图见231页），其姿态与汉代画像石上对力量与速度的表现也十分相似。

　　释迦则犹如处于兽群中的狮子王，安静寂默，毫无怨恨，他同样悲悯地看到：这些魔众亦为自身的贪婪、嗔恨与愚痴所困扰，所以由衷地希望能助他们一臂之力解脱束缚。正如经文所言，释迦从容地看待这些魔众，如同在看一群无知喧闹的顽童。魔众汹涌的攻势在释迦的觉悟之光面前戛然而止，徒劳无功，抱着的石头举不起来，举起的也不能砸下，刀枪剑戟都不能挥刺出去，凝滞不动，反伤自身。魔众们瞠目结舌，犹疑、恐慌，露出各种令人捧腹的神情，有的仓皇失措，狼狈不已，在逃遁中跌撞在一起；有的还心有不甘，尽管脸上一副张牙舞爪的样子，但腹部的表情已经透露出他的沮丧与疑虑；有的似乎醒悟了，陷入了沉思；有的已经开始忏悔，丢盔弃甲，跪拜于释迦面前。随着驱使魔军进攻的嗔恨被逐一化解，天空中撒下花雨，画面上方一株菩提树勃勃生发，象征经历这场历练之后，所有生命的新生。

攻击的魔众

攻击的魔众

攻击的魔众

攻击的魔众

攻击的魔众

攻击的魔众

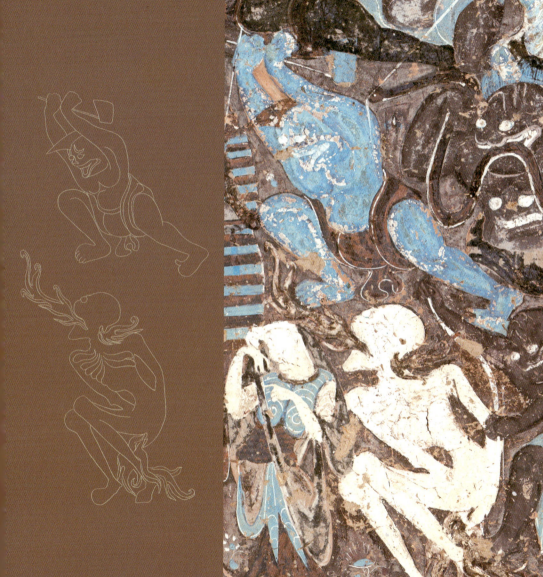

攻击的魔众

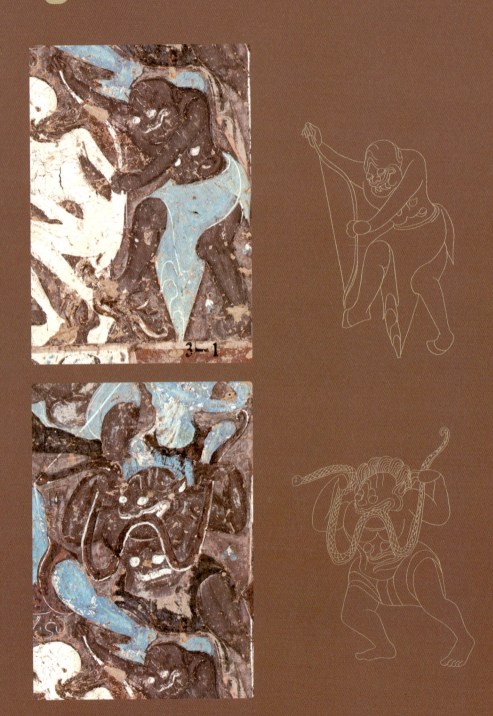

3—1

攻击的魔众

溃散的魔众

溃散的魔众

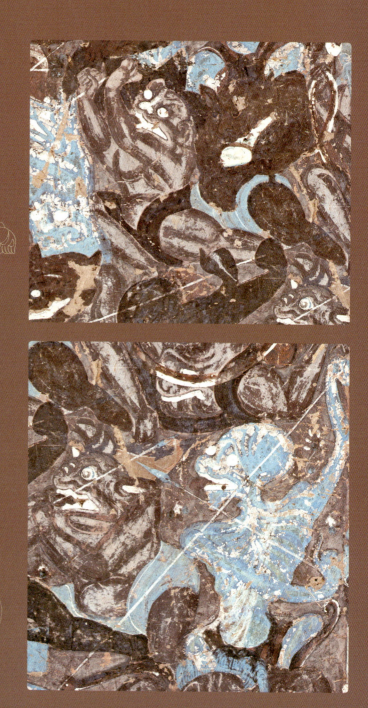

溃散的魔众

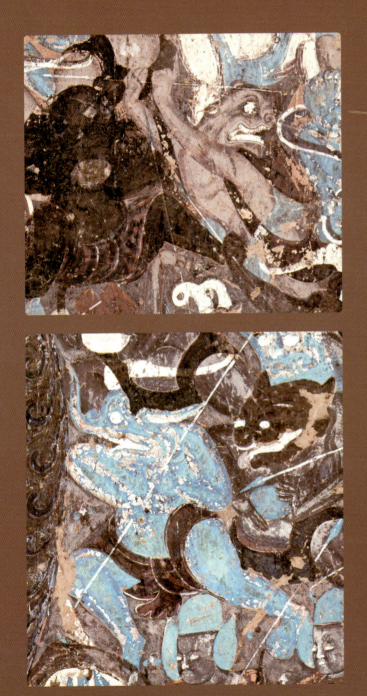

溃散的魔众

犹疑的魔众

犹疑的魔众

犹疑的魔众

犹疑的魔众

犹疑的魔众

犹疑的魔众

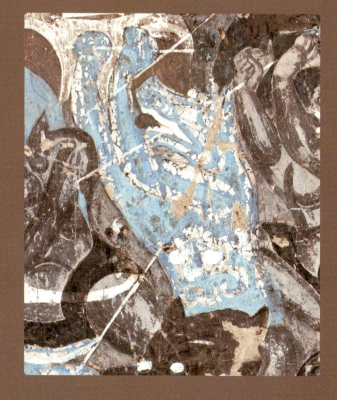

臣服的魔众

臣服的魔众

局部三：魔女

（右页图）
《降魔成道》中的三位年轻魔女与老年魔女的戏剧化对比

在降魔成道的画面中，最为生动的情节是三位自恃貌美的魔女，试图以美色诱惑释迦，悉达多非但不为所动，反而向魔女示现了岁月因缘，年轻貌美的魔女瞬间变成年老色衰的模样，在画面中极富前后对比的戏剧性。

印度地区的魔女
（阿旃陀第1窟线
描，约6世纪）

犍陀罗地区的魔
女（2—3世纪）

克孜尔第76窟的
魔女（约3世纪末）

各地区的魔女因气候与文化的不同也表现出很大差异。在印度地区，天气炎热，魔女袒胸露体，并不注重姿态的细致刻画；而雪山脚下的犍陀罗地区受希腊文化影响，魔女衣裙写实，已经具有一些动态，但这一地区表现魔女的作品很少，主角还是魔军，也尚未出现青春与衰老的对比场景；在新疆克孜尔第76窟，出现了年轻的魔女与老年的魔女，但老年魔女依然信心满满、劲头十足地蹲于佛侧，似乎并不甘心就此认输。

《降魔成道》
254窟中三位
年轻魔女的细
节，勾肩搭背，
眉目传情

而254窟中魔女的表现更加细腻，年轻魔女利用她们的身体语言，勾肩搭背，眉目传情，彼此调笑，故作娇羞，又步步趋近于释迦，香氛萦绕，衣裙摇曳。这种极为生动的表现如果单凭想象或观察日常生活都很难尽数得到，应是画师充分借鉴相关佛经的描述，之后又综合创造的成果。佛典以其生动多姿的描写、反复的迭代、丰富的意象为华夏文学带来极大触动。在讲述降魔故事的《普曜经》中，魔女们被赋予了三十二种"绮言作姿"去诱惑佛陀，其中相当一部分的描写颇具视觉表现力："一曰张眼弄睛，二曰举衣而进，三曰言口并笑，四曰展转相调，五曰现相恋慕，六曰更相观视，七曰姿弄唇口，八曰视瞻不端，九曰婪媕细视，十曰互相礼拜，十一以手覆面，十二迭相捻握，十三正住伴听，十四在前跳

欲趋前诱惑的魔女，她的身体动态线前趋，生动呈现了"举衣而进"的动态

踩，十五现其髀脚，十六露其手臂，十七作凫雁鸳鸯哀鸾之声，十八现若照镜，十九周旋出光，二十乍喜乍悲，二十一乍起乍坐，二十二意怀踊跃，二十三以香涂身，二十四现持宝璎，二十五覆藏项颈，二十六示如闲静，二十七前却其身遍观菩萨，二十八开目闭目如有所察，二十九俾头闭目如不视瞻，三十嗟叹爱欲，三十一拭目正视，三十二遍观四面举头下头。"画师塑造形象时，这些描写会给予他们多少直接的指导和启发？我们注意到，画面上的三位魔女，左边的二位勾肩搭背，"展转相调""视瞻不端""姿弄唇口""以手覆面""露其手臂"，最为靠近释迦的魔女则利用了身体的动态线关系，将肩与胯都微向前倾斜。我们知道，当人体稳定站立时，肩与胯是反方向的，这样身体的趋势线会稳定地落下；而画师塑造的年轻魔女，身体重心处于递出状态，恰对应了经文"举衣而进""意怀踊跃"的描写。画师巧妙地选择了这个姿态，塑造出这个魔女趋步向前、献媚诱惑的生动瞬间。

动态线断续曲折、萎靡不振的老年魔女

而当三位魔女被佛变老后,《过去现在因果经》提供了生动的描述:"时三天女,变成老姥,头白面皱,齿落垂涎,肉消骨立,腹大如鼓,柱杖羸步,不能自复。"这些文字或许也深深启发了254窟的画师。与另一侧志得意满的年轻魔女向前递出的身体动态线正相反,这三位老魔女的身体动态线被她们低垂的头颈、随意张开的胳臂、扭动的腰与胯、弯曲的膝盖划分得断续曲折,魔女们的萎靡不振与无法挽回的衰老、沮丧尽显无余。再来看细节的呈现:蓬乱的头发、松动的牙齿、干瘪的嘴、满额的皱纹、痉挛的手,亦与经文中风趣生动的描写如出一辙,这些细腻的刻画在之前的降魔成道图像史中从未出现过,令人印象深刻。

老年魔女头白面皱、齿落垂涎、肉消骨立的细节

"势"之抗衡

在降魔成道的艺术表现中,"势"同样也被画师所重视。当观众站在壁画前,魔军兵将震天的吼声如在耳边,而面对镇定从容的佛陀时,好像我们自己也由内而外地发着光,周遭的杂扰越强大,我们的内心就越坚定。这些魔众,既是外来的阻碍,更是内心深处的躁动与颠覆之力。如果说,舍身饲虎图是以其画面之势的曲折复杂、精微递进而渐次让萨埵的慈悲感动观者,那么,降魔成道图则意在以一种剧烈的动势让观者直接体验到释迦在觉悟之路上所经历的磨炼。

由魔军攻击的姿态带来的动势,向画面中心的释迦奔袭涌来。魔众层层围聚在释迦的周遭,分有五层之多,其内在包含有丰富的变化。从攻击的态势上看,由上至下的攻击力度呈递减趋势。最上层的魔众还怒目圆睁,张嘴嘶吼,或弯弓挽箭,或抱举巨石,或执持长矛,向释迦发起攻击;中间层已有魔众因攻击受挫而惊愕犹疑不已;到了底层,魔众已经丢盔弃甲,狼狈倒地或双手合十,跪地屈服。

画师利用魔众的动态、视线,以及刀剑长矛等武器的指向性,将一股强烈的动势汇集在释迦周围。而释迦在如潮涌来的魔军中岿然不动,内在三角形构成的稳定感,背光弧形所具的张力,与魔众们逼近的攻势两相对抗,平衡了骚乱的力量,展现出危机中的安然镇定。古代画师巧妙地将抽象之势通过具体的形象作用于画面。这一静一动,充满了力量与意志的较量,将构图传统之中的力量感与对抗性发挥到极致。

254窟的降魔成道图使我们看到,不同地域、不同族群的人们,沿着佛教东渐的路线,通过那些离奇古怪、匪夷所思的魔怪世界,通过释迦的意志、慈悲与智慧,通过体悟生命的困顿与觉醒,共同去探求人类精神深处的自我对立与觉悟契机。

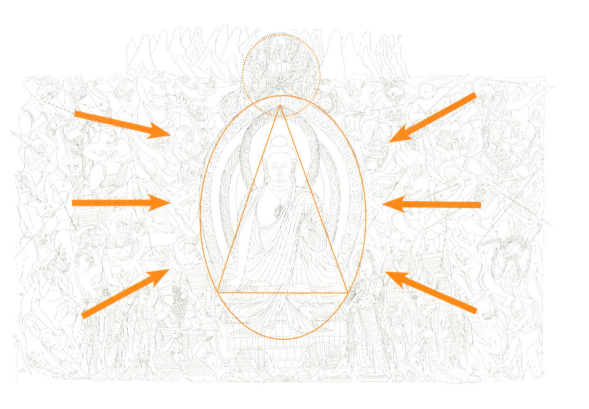

第

五

章

整窟

禅观的精神

如同经历了一场浓缩的时空之旅，浩瀚宏大的时间与空间被有序地安排在不足65平方米的石窟里，它所承载的佛教宇宙观和世界观，对于今天的观众而言，依然明晰且引人遐思。

通过以上三章,我们已经仔细观看过254窟前室三铺主要的故事画。此外,在北壁《尸毗王割肉贸鸽》图的东侧,还有一铺表现题材尚未完全明确的故事画,左下角的烟熏痕迹加大了对画面析读的难度,有学者认为它表现了释迦创造各种机缘让耽溺世间享乐的难陀出家修行的故事,也有学者提出了不同的解读,认为这是依据《观佛三昧海经》所绘制的释迦佛降伏龙王、将佛影留在那乾诃罗龙窟石壁中的事迹。这可能是莫高窟北朝壁画中唯一未有最终定论的因缘故事画了,相信终有一日,这铺壁画的彻底解读,会让人们对254整窟义理的构思有更深入的了解。它的构图类似于《割肉贸鸽》及《降魔成道》,都是主尊居于画面中心的构图方式,但画面中人物多为坐姿,相对其他三铺壁画,这铺图像视觉动势较为稳定、单纯,众人向心的目光成为画面的重要纽结。这些山间的禅僧以其中一位须发皆白的老者令人印象最为深刻,禅修造就了他锐利而冷澈的目光,这目光投向画面中心的主尊,而主尊视线则投向画外。至此,信众观看单幅故事画的旅程暂告一段落,思绪也被随之带出,回到前室的整体空间中。

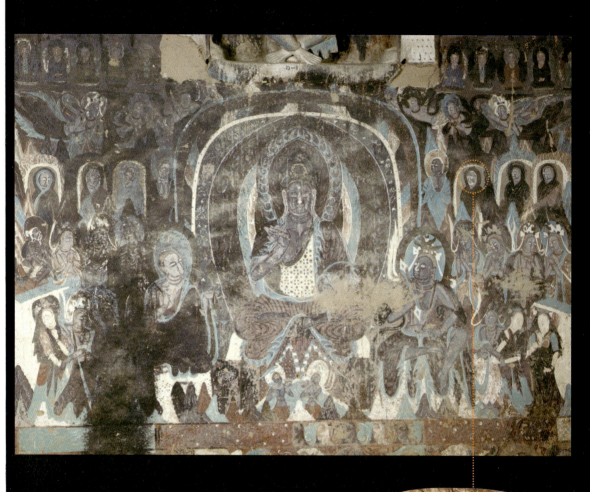

北壁东侧的故事画，佛陀在画面中央说法，周围是重重山峦中的禅修僧众

中心塔柱

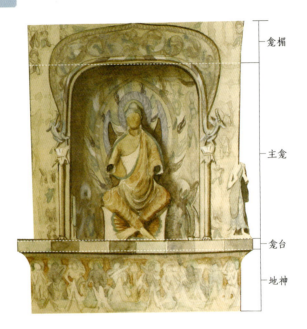

龛楣
主龛
龛台
地神

　　在前室的整体空间中，中心柱中的释迦塑像是所有视线最初与最终的落点。他面向前来礼拜的信众，曾为金色的面部洋溢着一种喜悦、希冀与坚定的神情，组织起洞窟空间中目光、时间与空间的交织。

　　中心柱式石窟源于印度。印度石窟寺将佛塔凿置于洞窟中后部，供信众绕塔礼拜，被称为"支提窟（Chaitya）"，敦煌254窟便是继承了这种窟形，只不过将中心的佛塔变为四面体的塔柱，每面都雕有塑像。主尊佛像位于中心塔柱的正面，着朱色袈裟，面敷金箔，在蓝白背光的映衬下显得格外醒目，它端庄静穆，交脚坐于穹帐式佛龛内，其大小比例充分考虑了观众的视角和心理感受，既不高高在上，令人感到隔膜疏远，又独具威严，似可担负与抚平人间的一切苦难。佛像交脚而坐，望向远方，从礼拜者的角度看去，雄浑的体态与背龛的弧形相呼应，如同身处宇宙天穹之下般壮阔。在佛陀身后的光轮中，底端绘制的尼乾子❶与鹿头梵志这两位皈依佛教的婆

❶ 此人物之前常被定名为婆薮仙，但依新近研究成果应为尼乾子。参见王惠民著：《敦煌佛教图像研究》（浙江大学出版社，2016），第15-34页《鹿头梵志与尼乾子》一文。

- 莲花平棋藻井
- 龛楣
- 天人
- 火焰背光
- 主尊
- 尼乾子与鹿头梵志
- 龛台
- 地神药叉

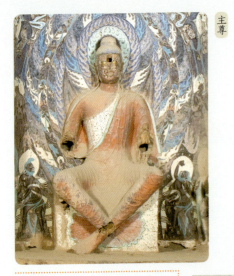

主尊

凝视着信众的主尊。其背光优美的蓝色营造了一种宇宙般的深邃感,无数飞天在其中随着光焰起舞

藻井

天顶上的藻井表现了莲池的纯净与庄严,飞天们环游于四周,象征着佛国的净土世界

尼乾子　鹿头梵志

尼乾子与鹿头梵志这两位皈依佛教的婆罗门长者,在向佛致敬

龛沿

中心柱的龛沿,用来摆放香烛,也是视觉变奏的视点。在中心柱的底端,踞坐于山水之间的地神药叉们常作负重状,协力托举起整个上方的世界

化生童子

龙头

龛楣中的化生童子从忍冬纹中生出，喜悦地迎接新的生命状态

罗门长者，在向佛致敬。顺着他们的视线向上，升腾的蓝紫色光焰里，天人们伴着光焰上升、舞蹈、赞叹。收拢整个佛龛的龛楣，一位化生童子从莲花中探出身体，象征着在净土世界获得新生的喜悦，童子手持两组交织的忍冬植物纹样，不断延展而充满整个龛楣。在龛楣的收尾处造型转化为两条龙立于束帛柱上，昂首张望，这是一种装饰形式，同时，也让我们联想到《观佛三昧海经》中所重点描述的"龙窟"意向——在经文中，龙王将他的石窟供养给释迦牟尼佛，请佛入内禅坐。释迦佛禅坐之后，从龙窟出发，以神通之足带领信众去他的本生事迹处游历，指引诸人游历了他生生世世前为菩萨之时不懈布施的地方，其中便有舍身饲虎、割肉贸鸽处。当佛陀将要离去时，龙王啼哭雨泪，请求佛常住下来，佛陀踊身入石，将佛影留映在石壁之内。因此，在信众观览石壁的过程中，便如同从明镜中目睹了佛的真容和光明。当年石窟营建时，所有这些丰富的图像与符号，除了起到装饰作用，还有和经文及修行仪轨相呼应的意味。

与四壁的装饰相似，整座石窟的设计都有着自下而上的精心布局，引领观众不断跨越时间与空间，从现实世界抽离，逐渐进入佛经中所描述的佛国。中心塔柱最接近地面的一组图像是地神药叉，他们是负重之神，体态庞大，蹲踞在山水之间，用力将上层的世界顶起；往上便是摆放供品香烛的龛台，它与两侧壁画的分隔带一致，都用红绿相间的横方形色块绘出，在视觉节奏上营造出一个新的起点；龛台之上，便是华美庄严的主龛，它与后室南北两壁八座券形龛的形制是一致的，只不过体量更大，塑绘的形象也更丰富；顺着主尊和不断升腾的蓝白色光焰，可以看到许多优美的菩萨和飞天，它们似乎使观者也变得轻盈了，因而自然而然又要向上望去；龛楣中从花朵里生出的化生童子，充满喜悦地展开花叶；再往上便是窟顶的平棋藻井图案，在藻井图案中，中央的蓝色画面表现了一座池塘，一朵莲花盛开在其中，飞天们围绕着莲池飞行，似在欣喜地赞叹。

整个中心塔柱，由负载重荷的地神开始，直到窟顶的平棋藻井，带领信众的目光不断净化升华。莲花与花中诞生的童子都象征了在未来的弥勒

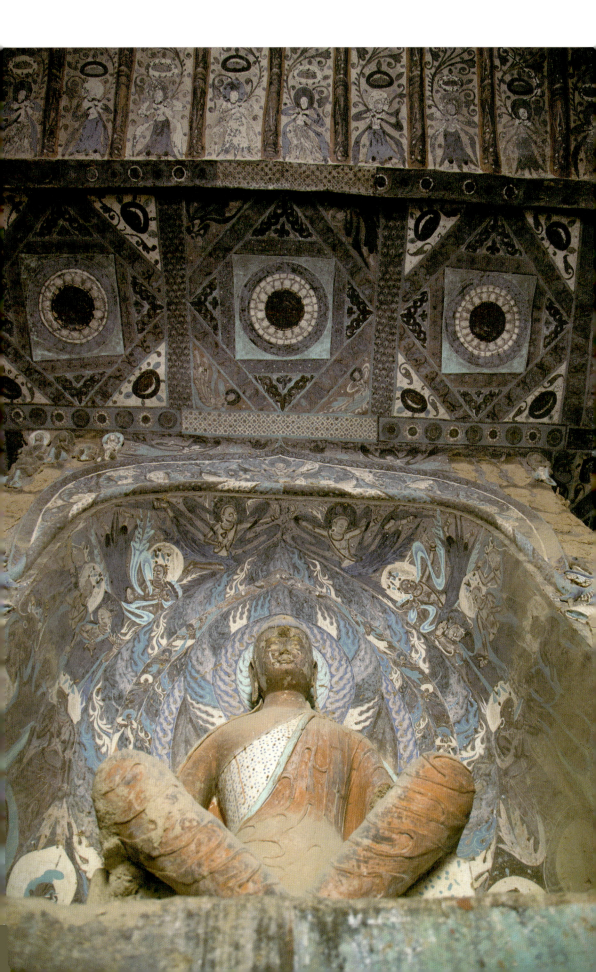

敦煌254窟继承了印度"支提窟"的形制，但将中心的佛塔变为四面体的塔柱，每面都有彩绘和塑像，可供信众绕塔礼拜

东

西

北

南

千佛

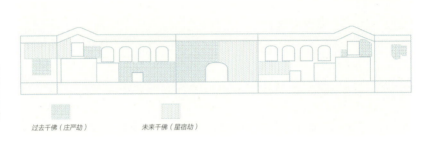

254窟千佛的时空分布示意图（参见滨田瑞美：《莫高窟第254窟的造像壁画和观想念佛》）

过去千佛（庄严劫）　　未来千佛（星宿劫）

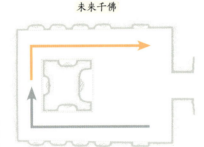

第254窟平面图，由过去千佛到未来千佛的排布营造出广袤时间感

礼拜过中心柱的主尊，信众会右绕中心塔柱继续观览。这时，映入观众眼帘的大部分图像是满壁的千佛，这些千佛的色彩有规律地交错，意在营造一种光光相接的斜向连续效果。大多数千佛的左上角都有白底墨书的名号，学者对比经文后，得出其排布的内在规律：❶在洞窟东西中轴线以南的一侧，诸佛的名号皆属于过去世庄严劫千佛；当信众绕到中轴线以北，则千佛的名号都属于未来世星宿劫千佛；而洞窟中的塑像和壁画表现了释迦和弥勒的形象，由于他们都是贤劫千佛中的一员，故而整窟通过绘塑联璧，使其中轴线具有"现在世贤劫"的时间意味。

"劫"是佛教世界观中一个时间计量单位，意指极其漫长的时段，每一劫中世界会发生"成、住、坏、空"的因缘转化更替。据佛经记载，在过去世庄严劫、现在世贤劫和未来世星宿劫三大劫中，各有一千尊佛成就，每当一尊佛入灭后，就要经历相当漫长的岁月，另一尊佛才会出现于世。而每位佛陀住世的时间，相

❶ 254窟的千佛名号研究，可参见宁强、胡同庆：《敦煌莫高窟第254窟千佛画研究》，载于《敦煌研究》1986年第4期。

遍布窟内的千佛，在其图像的左上角都有白底墨书的名号，且不少都清晰可读，千年前这些以颇具功力的我却书写的佛名，在今天的佛教法事中依然常被提及称颂

254窟南壁与西壁的千佛

254窟南壁千佛

白衣佛

对于这浩瀚的时段就如同电光火石般短暂，尔后就又进入漫漫长夜。因此，值遇佛陀在世或能听闻佛陀教法是无比珍贵的机遇。254窟的设计者使诸佛同时呈现，当信众绕中心塔柱观礼一周，便逐一见证了过去、现在与未来的千佛，被束缚在有限生命中的人们如同获得了整个宇宙的永恒祝福。除这些千佛之外，洞窟后室正对中轴线的西壁中央另绘有一尊神秘的白衣佛，白色的袈裟，白色的肌肤，结跏趺坐。有学者认为，绘制白衣佛，可能是根据《观佛三昧海经》的记载，表现了释迦佛应龙王的请求，将佛影留映在石窟壁内的传说事迹。❶ 这一事迹对中国4到5世纪的佛教思想产生了深远影响。高僧慧远便对佛影的传说深有感应，他听闻那"在阴不昧，处暗逾明"的佛影时，"欣感交怀，志欲瞻睹"，"发愤忘寝，情百其慨"，特地在庐山一处石壁之上，绘制佛影于其中，加以礼拜，以表达对这来自于遥远西域的佛陀神迹的景仰。❷ 这象征了佛陀虽已离世，但他的形象却因缘着一种呵护世间的愿力而长存，正呼应了禅观中的重要内容，禅观中所观到的佛陀影像，是个人心灵的化现，但又何尝不是佛陀愿力的显现呢？白衣佛坐于浩瀚的千佛光海中，当观众来到光线较暗的洞窟后室，有这样一尊晶莹光亮的主尊图像出现，在视觉节奏上设立了一处观像重点。白衣佛两侧的龛楣之下，柱头的形态类似希腊的爱奥尼亚柱式，也折射出丰富的文化交流信息。

（左页图）
白衣佛

❶ 白衣佛的研究综述，见贺世哲：《白衣佛——佛影问题》，收入《敦煌图像研究：十六国北朝卷》，第88—95页，兰州：甘肃教育出版社，2006年。
❷ 见《中国思想史参考资料集》，清华大学出版社，2005年。

列龛

石窟艺术是壁画、雕塑、建筑的综合体，平面、立体、半立体……不同的表现形式结合在一起，不仅使窟内的装饰层次更丰富，也使得观者眼前的形象如真如幻，更有置身佛国世界之感。

在254窟的南北两壁，除去故事画和千佛，还对称凿有两个阙形龛和八个券形龛，各有结跏趺坐的佛和菩萨居于其间。

先说前室南北的阙形龛。它们位于故事壁画的上方，借助前室的人字形屋顶而居于较高的位置，专家们普遍认为其用意在于表现弥勒菩萨在兜率天宫说法的时刻。在佛经中，弥勒菩萨被认为是继释迦牟尼佛之后会降临世间的未来佛，他可以帮助修行者解决禅修中的种种疑难，也能够以其弥勒净土接纳发愿往生的信众，因此弥勒信仰在河西地区曾盛极一时。阙是秦汉时代常见的汉式建筑，在这里，汉家宫阙演化为弥勒菩萨所居的天宫，突出体现了汉文化对佛教的融合转化。在整个丝绸之路上的佛教石窟中，除去敦煌之外，极少存有阙形样式的佛龛，由此可见作为汉文化重镇的敦煌在多元文化的互动与吸收方面的独特性。

254窟南壁的阙形龛与券形龛依次排开，不同地域的建筑特色共处一墙，生动呈现出这里曾发生的文化交融与活跃互动

洞窟整体所营造的文化交融感与亲切感，让人恍然忘却了历史与地域的范远

沿着阙形龛向窟中望去，后室两侧墙上还各开有四个券形龛，券形龛内的佛像分别结说法与禅定手印，再现了深入禅定后的佛陀将他的智慧心得向经过的众生宣讲的时刻，窟内丰富的说法形象彼此呼应，构建了整窟法音萦绕的氛围。

这种圆券式龛形是从西域传入的典型样式。在一窟之内，中原样式的阙形龛和西域样式的券形龛在视觉上并列；汉式木构的人字披与源于印度

带有典型汉地文化特征的阙形龛

距今一千五百余年，但仍在使用中的北魏木构斗拱

西域风格鲜明的券形龛

的"支提窟"在空间上相接；身着西域装束、拥有明暗光影的千佛画像与以笔迹娴熟的优美中文书写的千佛名号互为表里，呈现出中西文化的交融碰撞与华夏文明的兼收并蓄。

天宫、天顶

在千佛与列龛之上，整个壁面装饰的最上层，是围绕石窟一周的图绘建筑和天宫伎乐。看到他们，观者仿佛真的来到了无忧无虑的佛国净土。从最底层负重的药叉地神，到中间层发生在人间的本生、佛传与因缘故事，再到天宫建筑图中的伎乐飞天，考验、对抗与意志的渲染逐渐为优雅从容、欢悦澄澈的气氛所替代，从大地、人间到天宫净土的空间连接，恰恰体现了254窟的设计者为信众营造的另一层象征——生命经由成长与升华、牺牲与慈悲而获得最终的光明。

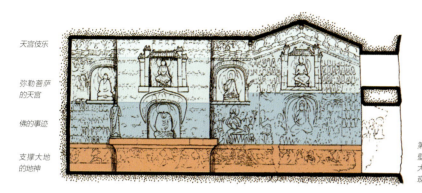

天宫伎乐

弥勒菩萨
的天宫

佛的事迹

支撑大地
的地神

第254窟的整体
壁画布局可见从
大地到天空的表
现意向

在千佛与列龛之
上，整个壁面装
饰的最上层，是
围绕石窟一周的
图绘建筑和天宫
伎乐

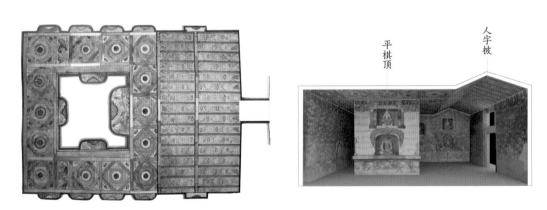

窟顶的设计也属于天宫的一部分。254窟后室为传统"支提窟"常见的平顶,绘有象征净土的平棋藻井;前室耸起,采用了增加挑高的人字披顶,这样的建筑形制来自中原木构房舍。在人字披与后室平顶的衔接处,还存有千年前的木构斗拱及四沿的幔帐;人字披"木梁"上绘制的连接件,恰如在周秦宫殿中出土的建筑部件,也是典型的汉地建筑方式。"木梁"间绘有天人执持花束,萦绕上升,为整个洞窟注入一种轻灵的元素。

人字披的"木梁"间隙中绘制了三十四位天人菩萨,他们手执弯曲缠绕的花束,与后室平棋藻井上的莲花图案既形成对比,又彼此呼应

回望整窟,观者环绕一周,却如同经历了一场浓缩的时空之旅,浩瀚宏大的时间与空间被有序地安排在不足65平方米的石窟里,它所承载的佛教宇宙观和世界观,对于今天的观众而言,依然明晰且引人遐思

禅修

254窟的整窟图像与精神系统，与禅观的修行仪轨有很大的关联。正如《禅秘要法经》（鸠摩罗什译）等经典所指出的，信众要在清静之处敷上坐具，盘腿结跏趺坐，身形齐整，左手压住右手，闭上眼睛，舌顶住上颚，以令心神安住，开始修行。只有当观者能够安心、调息、定意、忏悔业力后，才能够逐步地进入"观"的状态。经文里用了大量的篇幅去指导修行者应该如何去"观"佛陀的庄严法相，当在修行中遇到各种瓶颈时，应当如何借助忏悔业力，向弥勒菩萨请教来获得突破。有趣的是，如果修行者终于可以成功看到心灵成像的庄严佛身，则会被教导不必动意加以礼拜，而是要继续安心观照，因为解脱真如法是无来无去、无见无得的。

现代心理学研究显示，经常思考善念与正面积极的事情，正面积极的事情就会如约而来。对于古代信众而言，通过观佛的美好，打开心扉，可以获得最美好的加持。在现实中，信众们走入一座石窟，正如经文中鼓励信众去观想一座石窟；信众瞻仰石窟的彩塑、壁画中佛的影像，正如经文中（鼓励）帮助信众去观想佛陀的各种行状与事迹。佛的重要事迹顺序分布在石窟中，从大地到人间到天空，从过去到未来，与观者的目光相接。在这个意义上，作为一座以禅观修行为主要目的的洞窟，254窟的壁画、塑像不仅是被人工开凿绘制出来而已，而是依照经文教义的系统，把信众心中禅观求索的影像给呈现了出来，如同佛的影像被叠印在龙窟的石壁中一般，利用石窟建筑、绘画、彩塑三位一体的空间，帮助信众去获得心灵的体验。信众需要观想的，石窟已依照经典为他们呈现；信众把石窟所表现的内容作为心灵的样板，继续扩展对佛陀影像的禅观体验。石窟与信众非常紧密地结合在一起，石窟不仅是一处礼仪场所，更是一座活的课堂，那些供奉的地神、天人，说法的佛陀，布施的菩萨，仿佛都各自发出美好的音声，最终汇成一个活跃的整体；前来礼拜的信众则在洞窟中抱持着时不我待的紧迫感，努力精进观想，寻求突破，以期领会更高层次的生命状态。

（右页图）
254窟中心塔柱北面

第
六
章

结语

风云时代的 254 窟

当了解过254窟几铺壁画
与整窟设计的种种匠心,
我们会深深震撼于
这些古代敦煌艺术的动人与神奇。
不过,它的成就并非偶然,
而是有着深厚的时代艺术背景的。

如果回溯魏晋南北朝时代的艺术与美学，就会发现254窟的艺术表现和那个时代中华文化艺术的进展密切关联。只是由于气候、地理及社会的原因，敦煌壁画被幸运地保存了下来，而同时代其他大量杰作已湮没于历史的尘埃。

公元492年，一位法名为超辨的高僧在南朝齐的首都建业（南京）圆寂了，[1] 他来自敦煌，俗姓张。他在敦煌浓郁的佛教氛围中开始修行并度过少年时代，由于仰慕南朝的佛教盛世，他走过一条古已有之的道路，从敦煌到青海，复至巴蜀，最终来到了心仪的建业。当他在建业完成了卓绝的修行，以七十有三的高龄迁化时，佛教学者僧佑[2]为他设计了墓碑，僧佑的弟子、《文心雕龙》的作者刘勰为他撰写了碑文。

通过超辨极富象征意义的人生际遇，我们可以饶有趣味地想象，佛教文化如何跨越遥远的山程水驿，实现南北沟通与交融，以及闻名遐迩的历史人物如何关联在一起。僧佑卓越的艺术才华与刘勰雅隽的文辞一起，向一位来自远方的僧人致敬，真是一件盛事。

当超辨去世之时，他的家乡敦煌，城东四十余里的莫高窟，一处新的洞窟或许已然动工，或许即将落成。它就是本书探讨的254窟。那些在254窟设计与绘制佛教壁画的人们，也在用他们的巧思与生花妙笔，呼应当时风起云涌的美学实践与理论创新，这一潮流的引领者可从刘勰、谢赫追溯至宗炳、王微，甚至可上溯到百年前的顾恺之、戴逵。

北魏时代的敦煌与南朝美学的关联

魏晋南北朝是一个艺术和美学的自觉时代。在此期间，中国绘画除了延续两汉时期明人伦、重教化的道德宣教功能外，也日益成为一种重要的艺术创作活动。绘画与造像艺术进展巨大，这种进展在三个方面尤为动人：

其一是对绘画的包容性与创作者心态的体验与认知。南

---

[1] 见[梁]释慧皎撰，汤用彤校注：《高僧传》，第471页，北京：中华书局，1992年。
[2] 关于僧佑的佛教艺术才能，请参见《高僧传》，第440页；以及金维诺：《僧佑与南朝石窟》，收入《中国美术史论集》，北京：人民美术出版社，1981年。

朝刘宋的佛学家、画家宗炳（375—443）在《画山水序》中写道："竖划三寸，当千仞之高；横墨数尺，体百里之迥……嵩华之秀，玄牝之灵，皆可得之于一图矣。"宇宙万物的广大气象可以被整体包含在小小的画面中，这是一种对艺术表现所具有的力量的高度自信与自觉，而为了达到这种境界，画家要将他全部的心灵与技巧向画面敞开，做到"万趣融其神思"，这种器度与心境决定了作品的大器恢宏与纯粹清澈。

其二便是当时观众对艺术作品的热忱。东晋画家顾恺之（348—409），这位富于才情与传奇色彩的大师在他生活清贫的青年时期，为一座初建不久的寺院许下了百万钱之巨的捐赠承诺，这笔善款远超他的经济能力，众人以为那不过是狂狷大话。但自信的顾恺之却以一月有余的时间，在寺院中绘制了一铺维摩诘像壁画。光彩耀目的壁画尚未点睛，欲先睹为快的信众便蜂拥而至，热情的观众被壁画深深震撼，于是竞相解囊，顷刻间便为寺院带来了巨额的布施，甚至远超出了顾恺之承诺的数额。通过这则颇具喜剧意味的记载，我们看到当时的画者与观众之间密切的互动关系。而这密切的互动关系也更加促使画者去考虑画面如何塑造形象，如何叙事，如何让观者被画面所吸引并引发感动。

其三就是画师全情投入的创作激情与恒心。南朝艺术家戴逵（326—396）曾按照传统的形制雕刻高达一丈六的无量寿木佛及菩萨，但这种传统形制过于朴拙而显得落后于时代之审美，以至于前来礼拜的信众心灵并不足以被打动，于是戴逵认真地汲取意见，加以改进，"潜坐帷中，密听众论，所听褒贬，辄加详研，积思三年，刻像乃成"。以三年时间来探索新的风格样式，足见戴逵的认真和恒心，结果新的作品"情韵绵密，风趣巧拔"，为"百工所范"，开启了新的潮流。自公元5世纪初开始，赴西域求法的佛教信徒数量大增，佛教经典的翻译工作也达到了前所未有的准确、深入与系统化，这充分说明佛教信众在对佛教原旨不断探索钻研，求真、求新、求深是这个时代的佛教学风，那些具有高度修养的艺术家自然会以其努力去回应那个时代潮流。

不过，从现存史料看，魏晋南北朝的美学成就主要出自南朝，北魏5世纪的美学理论见载不多。但地处河西走廊最西端的敦煌，除去经过中原的途径来获得与南朝美学的沟通，也有其他因缘，可令那些在莫高窟虔诚供养的世家大族、僧侣、画师们对华夏美学潮流并不陌生，可以总结为以下四点：

1.本土的汉文化传统：敦煌自汉武开边，便已成为汉族聚居地。魏晋以来，关中骚动，中原生灵涂炭，敦煌与河西成为海内少有的安定之地，众多家族迁移来此，安享了两个世纪之久的和平。这种历史条件使得敦煌本土拥有高度的汉文化成就。在5世纪初，以敦煌为首都建立的西凉便奉东晋为正朔，彼此有广泛的文化典籍交流。在之后的朝代更替中，尽管当权者对南朝的态度变得更为复杂，敦煌也经受了战争动荡的考验，但以名门世族为核心的社会结构并未改变，敦煌本地依然保有良好的汉文化传统，对南朝的美学风尚也易于借鉴吸收。尽管由于南北风习气质的差异，敦煌地区的艺术表现与南朝有所不同，但正是华夏美学资源的熏陶使得匠师们在西来的佛教传统中创造出迥异于西域的艺术图像。

2.时代的趋向：254窟开凿的时段（465—500）基本处于北魏孝文帝（471—499）时代，这位对汉文化心存仰慕并颇有儒、释修养的君主，推动了北魏社会的全面汉化，与南朝的交流、互市与互使也较以往频繁。在这种社会氛围下，了解南朝美学的新思潮应会较为便利。当时北朝士族人物的容止修养、学识才辩，常常不下于南方。❶

3.佛教艺术的共同繁盛：魏晋南北朝时期，佛教在中国大地上空前发展，北魏众多石窟寺的营造与南朝的佛教艺术活动都如火如荼地进行着。佛教艺术作为当时最为时尚的艺术门类，在大江南北都达到了前所未有的繁荣。一像之成，"其四远士庶，并提携香华，万里来集。供施往还，轨迹填委"。❷斩山立像，攀空建塔，工程之大，技巧之精，皆前所未有。传统上敦煌高僧们曾到南朝游历驻锡修行，当时也存有南北佛教交流的多种渠道，这种佛教艺术

❶ 可参见逯耀东：《北魏与南朝对峙期间的外交关系》，《从平城到洛阳》，第262—268页，北京：中华书局，2006年。
❷《高僧传》，第492页，北京：中华书局，1992年。

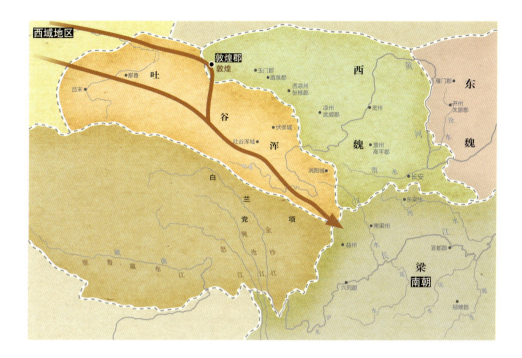

敦煌连接南朝与西域地区的"河南道"交通图（杨东海 绘）

的繁荣和南北方的沟通，对北魏的艺术风气有着深刻触动，敦煌自不例外。

4.交通的方便：敦煌制辖西域，又扼守青海高原的西北出口。历史上，南朝与西域的联系常通过青藏高原的"河南道"进行，这条路是连接西部与南方的一条要道，只在政治格局剧烈改变时有过中断，但终归于恢复。❶ 敦煌正是这条道路的重要组成部分，故可能近水楼台，对南朝之新思多有获益。

敦煌一方面是接触西来佛教艺术样式的前沿，另一方面又有深厚的汉文化底蕴，并保持着与内地及南朝的互动关联，这种文化的交汇反映在画面上，便是表现语汇具有特殊性。敦煌石窟的画师虽不见于记载，但他们在画面上的勤勉经营也让我们想到，正是在这样一个时代，正是由于无数匠师们的努力与富于创新的工作，佛教美术风格日新，水准高涨，终于发展演变为一种折射整个民族智慧与时代审美的重要成果。

❶ 此路于公元444—459年间没有通使记载，道路或因北魏肃清青海吐谷浑的势力而告中断，后因吐谷浑回据青海而再通。参见唐长孺：《南北朝期间西域与南朝的陆路交通》，《魏晋南北朝史论拾遗》，第174—176页，北京：中华书局，1983年。

从254窟壁画艺术看时代美学范畴

敦煌莫高窟作为完整保存了千年营造序列的佛教艺术宝库,为后人提供了深入体悟古代美学实践的契机,现代学者的相关美学研究成果颇丰。在这里,我们仅以敦煌莫高窟最为经典的洞窟之一——北魏254窟为例,找寻它与同时代的美学理论创造之间的生动关联。

如表所示,我们将从艺术创作和美学理论中最核心的因素"情"入手,进入到视觉层面的"势",再进入到更具体描绘的"形",然后回到综合层面的"审美创作论"。

美学范畴	层面	文中选取的对应图像
情	最核心的因素	254窟整窟
势	视觉与心理的整体呈现	降魔成道、割肉贸鸽、舍身饲虎
形	更为具体的表现	降魔成道、割肉贸鸽、舍身饲虎

情

"汉末魏晋六朝是中国政治上最混乱、社会上最痛苦的时代,然而却是精神上极自由、极解放,最富于智慧、最浓于热情的一个时代,因而也就是最富有艺术精神的一个时代。"❶

魏晋南北朝期间的战争动荡极大地促进了人们对人生况味"衔血哀伤"❷的体验,正如钟嵘(?—约518)在《诗品》中所总结的那些感荡心志的情思。而"山岳崩颓,既履危亡之运;春秋迭代,必有去故之悲","舟楫路穷,星汉非乘槎可上;风飘道阻,蓬莱无可到之期",❸对未来的期望与茫然,使"穷者欲达其言,劳者须歌其事",❹"情"的抒发被格外重视。

254窟开凿的时段,见证了敦煌历史上最动荡艰难的岁

---

❶ 宗白华:《论〈世说新语〉和晋人的美》,《中国美学史论集》,第123页,合肥:安徽教育出版社,2006年。
❷ [西晋] 陆机:《愍思赋》序。
❸❹ [南朝] 庾信:《〈哀江南赋〉序》。

月，[1]对抗西北悍敌柔然骑兵的战争不断在敦煌城外打响，尽管险些被朝廷放弃，但敦煌军民顽强勇敢的抵抗和朝中明智人士的建议保全了敦煌的历史生命。佛教社团在官方系统的组织框架之外，基于共同的信仰，建立"邑义"之类的组织，通过组织民众共同参与造像、办斋会、施舍救济等社会慈善事业，奠定了敦煌社会在动荡中团结民众、凝聚力量的重要基石。那些虔诚的开窟者，很可能在最困难的时候还延续着石窟开凿的工作。"逼切危虑"的时代背景决定了他们对生命之"情"的凄怆有着深刻体验；也正是这"或骨横朔野，或魂逐飞蓬；或负戈外戍，杀气雄边"[2]的抗争之境，加之佛教"护世护法护国"的思想、安定社会民心的教义，令他们把对现世与未来的企盼都全情投入到石窟营建之中。

从此角度，或可更恰切地领会254窟所具有的强烈而丰富的心灵氛围。从前面分析过的具体画面看，"自魏晋以来，社会动荡强烈地震撼了人们的心灵，危机促进了人性的觉醒与思考力的发展，生命的苦痛激发了人们对人生的高度敏感与思考"。[3]正是254窟种种"智慧兼深情"[4]的表现，构成了其艺术如此感荡人心的基础。

势

"势"是华夏美学中最为核心的范畴，意为趋向、方向、动态，核心属性是一种力量生成与运动的表现，政治、军事、风水堪舆等领域亦广泛使用这一概念，在书法史中也显示了其特殊的重要性。

在绘画中，顾恺之在《画云台山记》一文中细致记录了他对"势"的思考，[5]这也是迄今出现在画论中最早的论"势"之文。他规划的一幅道教题材画作中，山水成为表现超越感与高迈氛围的重要元素，"势"被特别重视——山势蜿蜒如龙，鲜艳的朱丹突出最具险绝之势的山崖，画的主

[1] 此时代的敦煌状况，请参见宿白：《两汉魏晋南北朝时期的敦煌》，收入《中国石窟寺研究》，第232—243页，北京：文物出版社，1996年。
[2] [南朝] 钟嵘：《〈诗品〉序》。
[3] 刘涛：《中国书法史：魏晋南北朝卷》，第2页，南京：江苏教育出版社，2002年。
[4] 李泽厚：《华夏美学·美学四讲》，第139页，北京：生活·读书·新知三联书店，2008年。
[5] 参见 [唐] 张彦远：《历代名画记》，第118—121页，北京：人民美术出版社，1983年。

角天师坐在山崖之上。山石相互呼应重叠以强调"势"的运行,"并诸石重势,岩相承以合"。画面结束处,一只饮水的白虎匍匐在山涧下,使得"势"降下并收拢起来。在这篇论画之文中,顾恺之对"势"的布置与对观者目光的预设令人深感兴趣,在他看来,观者的目光正是在"势"的带动下,通览了丰富的画面,领略到险绝山水背后的宗教感。

顾恺之对于如何在公共空间中把握观众的兴趣一向很有策略和智慧,他年轻时在瓦棺寺绘制的维摩诘像便借此大获成功。可以想见,在魏晋南北朝时期,在包括众多僧道寺观在内的公共空间的艺术创作中,更大的画幅、更复杂的故事、更多元化的展示空间、更多的公众品评,促使画师更努力地思考如何把握观者们的目光,如何使画面更有力、集中、富于表现力。

正如顾恺之在《画云台山记》中所设想的那样,现代心理学的研究也已证实,视觉活动是一种积极的探索,与照相的消极性不同,它是有高度选择性的,对于"力"的运行极为敏感,这也正是"势"得以发挥作用的生理机制。"势"形成不断生发与运行的力,统摄了造型、色彩与故事情节,进而引导观者的目光走向和心理感受,使作品与观众之间构成有效的交流与互动。

在254窟的壁画艺术表现中,"势"同样也被画师所重视,对"势"的运用手法灵活多样,与不同的壁画主题紧密结合,各有特色。

在《降魔成道》中,画中魔众剧烈的动态所形成的力量趋向,与端坐画面中央、如如不动的佛陀,以及佛陀身后饱满的背光,构成了强烈的张力关系。通过这一动一静之势的角力,观者会感受到,在画面上,最终魔众们纷扰的攻击之势被佛陀安定且外张的势震慑消解了。

相对于《降魔成道》较为直白的对抗之势,《舍身饲虎》设计了更为复杂的"势"的运行之路,起承转合,将极为繁密的人物场景和故事情节尽数包含在不足2.5平米的壁面中。《舍身饲虎》的"势"蜿蜒回环,正如刘勰在《文心雕龙·附会》中所言:"若夫绝笔断章,譬乘舟之振楫",当

《舍身饲虎》回环曲折的运行之"势"

《降魔成道》一动一静的抗衡之"势"

《割肉贸鸽》上下交叠的相合之"势"

常见光下尸毗王的裙裾部分几乎成为空白，在紫外光下，已褪色的部分显现了出来

画面的内容结束时，"势"的力量还在绵绵不绝地运行。当观者观看完一次之后，"势"还会引领观者不知不觉中再次开始新一轮的观看——收获更多，感动更深。

如果没有现代科技的帮助，对于另一铺壁画《割肉贸鸽》中的"势"，我们的认知将会有重大缺失。当我们仅凭肉眼观察，会发现《割肉贸鸽》中有一种并未完成的"势"。在画面的下部分，由人物目光构成的"势"的指向性非常明确：尸毗王的家眷哀婉地注视着画面中央的尸毗王，尸毗王则镇定地注视着画面的右下角——在那里，最残酷的试炼时刻到来了，当割尽全身的肉也没有秤盘那边的鸽子重时，尸毗王决然地坐到了秤盘当中。于是，通过视线的连接关系，一个非常稳定的三角形被构建了出来。然而，画面上半部分那些剧烈运动的形态：抖动的头冠飘带，追逐而下的鹰和鸽子，赞叹的天人，哀伤的眷属，这些元素围绕在尸毗王周围，却缺乏一种与尸毗王的关联，"势"在此断失了。

然而，当我们使用紫外光观测设备❶来重新观看时，惊讶地发现几成空白的尸毗王的裙裾上，已经褪色的部分又被紫外光所激发而变得清晰可见——那是繁密而波动的衣褶——画面上半部那些飞动激荡的形象与尸毗王富于动态的裙裾衣褶相连，形成了一个富于动态的倒三角形。于是，画面中的上下两端的三角形一动一静、一反一正，彼此交集于尸毗王身上。如果说《降魔成道》中的动静

❶ 该设备承敦煌研究院保护研究所樊再轩研究员帮助提供，特致谢忱。

之"势"构成了一种对抗,那么《割肉贸鸽》中的相合之"势"则既从容、镇定又激昂、飞扬,成功地将一位在痛苦中战栗、因信仰而无怨无悔的尸毗王形象塑造了出来。

北朝的禅观经典强调信众要对佛的影像和事迹产生彻底的感动,图像与心灵感受之间的关系被佛教的禅观修行特加强化了,而"势"便正是连接图像与观看者的桥梁。可以想象,这种由"势"所营造的整体画面氛围无疑会给古代信众留下语言所无法传达的感动与体悟。

传神写照正在阿堵中

《世说新语·巧艺》中记载了一则顾恺之的故事:他画人像,很多年都不点眼珠,别人问他为什么要这样,他说:"四体妍蚩,本无关于妙处,传神写照,正在阿堵中。"也就是说画像要能传神,最重要的就是眼睛了。接下去,他还强调,要想画出灵活生动的眼神更难,"手挥五弦易,目送归鸿难","手挥五弦","目送归鸿",本都出自嵇康的同一首诗,表达的是人一种"俯仰自得,游心泰玄"的心境,但顾恺之认为,要画出手挥五弦的动作是相对容易的,可画出目送归鸿的神态就太难了。这些说法都充分体现了魏晋美学对眼睛与传神的重视。

在254窟的壁画中,我们可以看到很多令人过目难忘的传神的眼睛。比如《舍身饲虎》中持骨骸的天人恸哭的眼睛、萨埵母亲失神下奔的眼睛,《降魔成道》中魔女们秋波暗递的眼睛,《割肉贸鸽》中尸毗王注视秤盘中自己的眼睛……这些眼睛超越时空交流传神,塑造出一种"心灵的动态"。最典型的,是《舍身饲虎》中萨埵以竹枝刺颈,然后纵身跳下山崖时对"两个"萨埵对视的表现,这种面对生死的自我问询,宁静而决绝,表现了萨埵镇定而丰富的情感,具有一种非同寻常的心灵深度和佛学意味,在美术史上非常罕见。

这种对人内在心灵的重视亦可能得益于南朝美学家、佛学家、画家宗炳（375—443），他"首次明确提出了'人是精神物'的观念，把人定义为一种精神的、心灵的存在，里程碑式地在儒家标榜'礼义'人格，玄学追求'自我'人格之外，建立了'精神'人格，体现了古代士人人格理想由外而内、由形而神、由生命而精神、由存在而心灵的拓展深化过程"。❶ 也许正是这种在对人的自我认知中"由生命而精神、由存在而心灵"的拓展，启发了《舍身饲虎》的画师绘制了"两个"萨埵，他们的目光紧密对视，如同"肉身我"与"精神我"在生死离别之际彼此审视与问询，至今仍令观众有所思悟。

以形写神

"以形写神"是指利用形体来塑造精神气质的艺术手法，往往与艺术家对客观世界的想象与创造相伴相随。这个美学命题也是由顾恺之提出的，作为画家，这无疑是最重要的才能。

力与飞动的形

生命之力量与气势和美有着天然关联。中国传统中，这种关联很早便被重视，孟子的"吾善养吾浩然之气"，庄子的"解衣磅礴"，《周易》的"天行健，君子以自强不息"都强调了此点。在中国的书法艺术中，对于世间万物的动态模拟也非常突出，崔瑗在《草书势》中描写的草书形态有如"竦企鸟跱，志在飞移，狡兽暴骇，将奔未驰""腾蛇赴穴""注岸崩崖"，都形象地描述了草书的动态之美。很多东西方研究中国艺术的论者都认为，中国艺术所表现的理想美，不在于它的装饰性、工艺性，而在于其中所蕴含的伟大生命理想，不管客观物象被描绘得多么美丽，那也不是纯粹的如实写生，因为它寄托着人们崇高的企愿。

254窟壁画最能体现这一点的是《降魔成道》中魔怪的表现，那些"张眼吐舌，跳踉偃仆，抵掌顿脚"的魔众，或

❶ 见仪平策著，陈炎主编：《中国审美文化史·秦汉魏晋南北朝卷》，第311—312页，济南：山东画报出版社，2000年。

汉代艺术中生动的动态表现与254窟《降魔成道》魔众的对比

将整个身体紧绷成一条弧线，或反身发力刺矛，或两臂外展担山，显示出极强的力量感与动感。既区别于印度地区魔众侏儒般矮短的滑稽喧闹，也不同于犍陀罗地区的魔众拘谨安静地罗列于佛陀两边，同时又比西域克孜尔地区的魔众更注重动态，更能体现汉文化中重视"力"与"飞动"的审美传统。而且，254窟的魔众在继承汉代艺术的生动之外，又加强了个性

231

特征的表达——那些攻击失败的魔怪，面部与腹部的表情透露出惊恐无措的尴尬，非常风趣；还有两个魔众成员彼此纠缠着跌倒，其狼狈状态表现无余，比之生动又增加了精神与性格层面的刻画。

在《舍身饲虎》整体比较稳重的造型感中，画师将最具有"飞动"感的造型赋予了白塔边上的飞天，他们昂扬的动势将画面之前沉郁的气息一扫而空，将永恒不朽的信仰之力导入光明的白塔。而《割肉贸鸽》中画面上半部众多飞动的饰带造型，带来强烈的动感与情感力度，也是之前其他地区的图像所未表现出的，这同样与华夏美学传统中重视"飞动"之美一脉相承，同时又注入了佛教的内在精神元素。

"几何形尺度"与"以形写神"

顾恺之论《北风诗》一画时，便已专门论及绘画的"形"之美："美丽之形，尺寸之别，阴阳之数，纤妙之迹，世所并贵。"这段论述最重要的价值在于，顾恺之把"形"之美与尺度问题联系起来了。刘勰在《文心雕龙·定势》中也指出："如机发矢直，涧曲湍回，自然之趣也。圆者规体，其势也自转；方者矩形，其势也自安。"其中"发则直、曲则回、圆者转、方者安"的比喻，具有一种几何学与力学的"尺度观"。这些艺术实践的表现与"尺度观"的提出，除了艺术创作的规律和艺术家的悟性使然，大约也可以归结到魏晋南北朝期间，中国在自然科学领域的数学教育与研究、天文学、材料科学、工具研发、地理科学等多方面取得的成果。祖冲之（429—500）求出了高精度的π值，其《大明历》的某些关键数据与利用现代科技得出的数值相差极微；而河西地区也有高水平的数学家存在，成书于十六国后期至北魏初期的数学教科书《孙子算经》刊行于世，其中教授了许多数学及应用技巧；完备的图学概念被建立了，例如刘徽于公元263年以"析理用辞，解体用图"的方式，对勾股定律的证明、圆形直径的获得做出了精彩直观的几何推演设计。这些成就或许使得当时的人们有能力以一种具有"尺度"的目光去看待、度量与表现世界。

在《舍身饲虎》的艺术实践中，画师很巧妙地使用了类似于几何学的尺度观来构架画面的"势"，塑造人物精神。在刺颈与跳崖的萨埵的目光自我注视之际，他们的身体造型可以概括为若干三角形的叠加，尤以跳起后收起的左腿最为明显。画师还将基本的几何形进一步演绎，将萨埵刺颈的场面放在了锯齿状三角形群山叠加的画面中，营造出一种逼仄窒息、令人不禁咬紧牙关的紧张感。紧张的场面、坚毅的体态、从容的心境，三者共同构成了这个场面难以言传的美学深度。

在《割肉贸鸽》中，尸毗王的体态同样包含着平行的框架性以及垂直与水平的造型，形成了身体的三角形与外围视线连接形成的三角形之间的呼应；而在《降魔成道》中，佛陀的造型力量与他的坐姿所包含的三角形、背光的饱满弧度密切相关。

"纤微向背，毫发死生"的微妙造型

书法家王僧虔（426—485）在《笔意赞》中说："纤微向背，毫发死生。"顾恺之强调在画眼睛的时候："若长短、刚软、深浅、广狭与点睛之节，上下、大小、浓薄，有一毫小失，则神气与之俱变矣。"这些谈的都是在造型上"差之毫厘，谬以千里"的微妙感受。

在临壁画的过程中，我们体会到254窟造型讲究、绘制精准，与普通工匠绘制的洞窟绝不相同。举一个例子，《割肉贸鸽》中尸毗王的坐姿就很难把握，他的头微微低下，上身倾斜，而腿部却非常稳定。头、颈、肩的关系恰到好处，仰一分则显自傲，低一分则显自怜，准确传达了他慈悲、坚定而悲悯的心态。印度龙树山考古博物馆所藏的一件公元2—3世纪的尸毗王图像坐姿与此表现十

尸毗王坐姿对壁临摹线图

分相似,但相比之下,印度那幅图像的尸毗王坐姿更显日常化,而254窟则在此基础上强化了身体躯干的平行呼应关系,这样的动作实际上很难做出,因此造型更为抽象而有概括力。在我们的临本上,为了追摹与体验原作的造型,这些部分都经过了反复的擦拭与修改,壁画中的人物造型设计很难轻易描摹下来,也可见当时绘制者细致入微的斟酌推敲。

相似的例子很丰富,再如《舍身饲虎》图中,萨埵生死凝望的场面,目光正是透过弯起的肘弯与飘带之间细小的缝隙,而与对面的目光相连接;在《舍身饲虎》中,留有许多画面调试改动的痕迹,例如被改为直角化的小虎的尾巴,便是为了塑造其所指向的萨埵发愿场面的坚毅感。

何以匠心

254窟诸多精彩的艺术表现,又是如何构思而成的呢?我们亦可以在其时代美学中找寻答案。刘勰在《文心雕龙·神思》中提出:"陶钧文思,贵在虚静,疏瀹五藏,澡雪精神。积学以储宝,酌理以富才,研阅以穷照,驯致以绎辞。"这个重要的审美创作论大意为:文思的陶冶得出,关键是摆脱利欲束缚,心中空灵专注,神气通畅振奋。并且要注意学习积累经典,博采众长,了解情理与艺术规律,细致分析,顺畅地表达。具体到佛教美术创作,经文、图像传统、现实生活就是画师拥有的三座宝山,"疏瀹五藏,澡雪精神"的心灵准备,使画面有深沉、博大的情怀,而"积学""酌理""研阅""驯致"的学习、观察、借鉴与修养,更使画师获得了出众的表现技巧与创造力。

《舍身饲虎》左下方众人悲悼萨埵的场面中,唯有一人没有陷入悲恸之中,反而用清水洒在扑倒在地的人身上,令之苏醒。这种出离悲恸、获得觉醒的契机,最终使得萨埵的亲人们开始从悲痛中恢复过来,转而赞叹萨埵的功德。这一举动造成了画面"势"与情感的重大转折,而这个洒水者的出现,在现存的舍身饲虎图像史中是唯一的。《金光明经》中的偈颂部分数次提到了"洒水",可并未详细表述,但254窟的画师着意选取了这个潜含重要象征意味与转折契机的动作——洒出清凉之水,唤起觉醒,来作为整个"众人悲悼"场面的点睛之笔,不能不说他对这个故事的文本非常熟悉,而且能够洞悉表象背后的深刻义理。

《降魔成道》中三位魔女色诱佛陀而后变老的场面亦堪称综合创作的经典。在画面的左边,三位年轻的魔女正搔首弄姿,而右边,则是衰老委顿、神情沮丧的老年魔女,这种惟妙惟肖的刻画在之前的降魔成道图像史中从未出现过。在现存的图像史中,魔女们往往都是以色诱或纠缠为主,而在姿态的对比、塑造的生动与凝练性等方面,254窟有了丰富的发展。这提示我们,画师曾下过相当的功夫去研读经文,了解前人的长处与不足,同时还会观察他所生活的世界,获取生动的素材,甚至,他或许会自己来扮演魔女,反复推敲其情绪以求得最精彩的表现。然后他们放下束缚,全力以赴开始创作,"登山则情满于山,观海则意溢于海,我才之多少,将与风云而并驱矣",把佛教故事、义理与审美创作高水平地结合在一起,绘制出载誉美术史的经典之作,直至今日依然能深深打动观者。

钱穆先生认为,佛教从魏晋的后期,特别是南北朝时期,进入了一个非常重要的内部思索阶段。他说:"佛教之慈悲观和平等观,不仅抚慰了乱世中的人心,掌握了社会大众的教育权,还用反心内观的思辨精神,进入儒家子弟的思想世界。"正是在这个意义上,中国的士人开始把佛教所谓的宗教转化成教化,把佛法转化成义理,将无我转化成天伦,"尽心知性,尽性知天,自性自修,自性迷即众生,自性悟即是佛,万法在于内心",佛教的价值观开始进入到士大夫的内在世界,使得传统的儒家思想、道家思想和佛家思想慢慢融合。正是由于对外来文化不断内省式、内化式地吸收与创新,使得中国文化在中古时期有了一个新的奠基。通过254窟,我们从艺术上也可清晰见到本土美学与外来因素在时代大潮中的交融碰撞,以及由此激发出的颇具精神性的、直指人心的创造力。

〔附录一〕
一座石窟的开凿过程

莫高窟的开凿应归功于
千百年来倾心供养、
营建与呵护这里的供养人——
捐资者、僧团及工匠群体。
正是他们，
在无论承平还是
战乱的时代背景下，
竭诚地将他们对生活与
对未来的企望寄托于
壁画与塑像之中，
鼓舞与激励人们
向善、进取。
他们对生活与
宗教艺术之美的
追求和体验被铭记下来，
为我们今天接续祖先的
历史生命与心灵提供了契机。
这些供养人的身份
大致为当地世家大族、官员、
僧众、百姓；
其民族属性十分丰富，
包括汉族、鲜卑、拓跋、
吐蕃、党项、蒙古、回鹘，
承载着丰富的历史人文、
宗教艺术、社会经济信息。
当年，
实施一座洞窟的开凿
大约需要这样的过程……

1

一

　　有恰当的因缘发起。由于某些契机，供养人团体组织起来，捐出一笔善款来营造一处石窟，以表达某种心愿及祈福。相应的僧团与匠师团队对主题思想、内容构成进行方案设计。在捐资与组织工作中处于主导地位的人士，往往被尊称为此窟的功德主。一生能有幸获取功德主（窟主）的称誉是无上的荣耀。

二

确定整体规划,选择恰当的崖面进行开凿。莫高窟崖壁的岩石构造主要为胶结沉积岩,外层的石质由于风化等原因较为疏松,但越往崖体深处便越致密坚硬,如果开凿一处大体量的洞窟,需要巨大的劳动量与缜密的施工。在开凿的过程中,匠师们往往先开凿出窟门和甬道,之后根据整体的设计,向岩体中整体推进,最后再进行建筑构造的细节塑造,例如人字披顶的开凿、壁龛的排布等,这样在施工的整体上较为便捷可控。从藏经洞出土的文献中可以看到,中晚唐以后,石窟的营建团队已经高度细分与专业化了,开凿石壁的匠师被称为打窟人。文献中还留下了中晚唐时期匠师们的伙食标准:每日两餐,早饭是一种叫馎饦的面食,午饭是一到两枚胡饼(芝麻饼),在严冬施工时,还供给米酒来取暖。想象一下,呵气成霜的时节,这些打窟匠们站在高高的脚手架上,以绳索悬于空中,挥动锤凿,跳动的灯火为他们的面庞勾出一道暖光。千年来一斧一凿的积累,方得以开创出这一片莫高窟的佛国天地。

三

当整个大的洞窟构造被凿出后,其建筑空间与架构也就搭建出来了,剩下的便是将这个空间进行视觉化呈现的工作。负责处理墙面地仗的泥灰匠便开始工作了,他们以就近取材的天然材料——宕泉河道中沉积的澄板土,沙漠中麻类植物的茎、麦秸等,加以切细、搅拌,然后再由粗到细多次涂抹在石壁上,直到最表层绘制壁画的一层较为光滑平整、适于绘制为止。晚期的许多洞窟,还会在绘制壁画之前覆满细密的白灰作底。窟顶的泥壁由于工作空间的限制,处理难度更大,因而还有一个专门的细分工种——"上仰泥博士"来专司此职。在莫高窟的壁面与彩塑的破损处,经常会露出当年的麻筋等接合材料,其光泽与弹性虽历经千年却依旧如新,令人感慨大自然造物与先辈择材的智慧与远见。

1. 随着东西风尚交替,供养人的服饰亦随之变化。在西魏 285 窟的壁画中,这位女性供养人衣带飘飘,呈现出鲜明的汉文化审美特质,她被绘于最靠近佛座的位置,应是本窟最尊崇的供养人。

2. 藏经洞出土的北魏太和三年(479)抄《金光明经》(S616)后记中记录了抄写此经卷的因缘,乃是众弟子们为一位名为永保的圆寂高僧荐福而抄写。弟子尊称先师为"龙泉窟主",说明他生前曾主导过一个命名为"龙泉窟"的石窟的营建工作,而此荣誉也是永保十分珍视的。

3. 一座洞窟的开凿施工步骤图。

四

当地仗都准备好后,画师们便要按照之前的设计方案开始挥毫,将故事画、千佛、飞天、彩塑等造型元素依据一定的规则加以定位。定位所借助的手段,最常见的便是墨斗,画师利用墨斗弹出的横纵线来确定壁面各种元素的位置关系。254窟中虽然没有见到明显的弹线痕迹,但其工作思路应是一致的,只是更多地借助经验目测或用其他手段。

4 在莫高窟北周第296窟的北壁中绘制了从事建筑施工与绘制的工匠,在图的上部,一群赤裸上身的匠师在为一座塔基一样的建筑贴砖砌瓦,在下部,两位着衣的匠师手持颜料碟与画笔正在为一处即将竣工的房舍绘制装饰图案。

5 在莫高窟五代第72窟的南壁中绘制了一组生动的施工场面,匠师与僧人、供养人们通过脚手架爬上依山而建的高大佛像,对佛像的头部进行修缮与安装。除了出力干活的人,现场还表现出强烈的仪式感,有持香炉与跪地合十念诵的人们,画面下方还有在杆头杂耍娱佛的孩童。

6 在敦煌西千佛洞(北魏)第7窟中,一位画师用土红色线条所挥洒勾勒出的飞天线稿,虽未及着色,但气韵已十足生动,充分体现了绘制者的娴熟技巧与从容气度。

五

定了整体位置后，更具体的绘制工作便开始了。首先是起稿，画师团队中最富经验与创造力的画师们往往会担负这一决定性的工作。画师常用土红色的线条勾勒出整体的概貌，细心地经营位置、确定形象、构建画面的气韵。

然后是着色。在此工作中，画师所使用的颜料大致分为三类：

第一类是矿物质颜料，例如青金石、石青、石绿、白垩、朱砂等，这些颜料都是由天然的矿石研磨而成，色彩较稳定。

第二类是化合颜料，这类颜料是以人工方式合成提炼的，例如铅白、铅丹、密陀僧等，因其色彩覆盖力强、明丽以及经济性，在敦煌壁画中曾大量使用，但随着时间流逝，也正是这些颜色显现出较大的黯淡变化，从而使敦煌壁画呈现出迥然不同的面貌。

第三类则是从植物中萃取的有机颜料，这一类颜料色彩透明、柔和，很适合罩染氛围及勾勒细节，但往往随着时间流逝而变得几乎难以用肉眼辨别。紫外线可以激发部分有机颜料的荧光反应，从而判断其曾经的使用形态，而且往往还能令人惊讶地还原出失落于历史尘埃之中的艺术原貌。例如前文中呈现的《萨埵舍身饲虎》，在紫外光照射下，会显现出萨埵俯身饲虎时被虎所啃咬出的血迹，《尸毗王割肉贸鸽》一图中，尸毗王裙裾上用植物颜料所绘制的细密纹褶也会在紫外光照射下显现出来。❶

❶ 对于多种光照条件下的壁画观察与研究，请参见柴勃隆、王小伟、汤爱玲、范宇权：《多光谱摄影在莫高窟壁画现状调查及绘画技法研究中的初步应用》，载于《敦煌研究》2008年第6期。

六

除了壁画的绘制，窟内彩塑也是重要的元素。尤其是窟内的主尊雕塑，往往是信众们寄托最多虔敬与期许的对象。由于敦煌莫高窟崖壁石质粗粝的特性，塑匠们无法利用石材本身凿成石雕，而必须要配合其他的材料，如麻草、木架的内部填充与泥质材料的表面处理，才能塑造出理想的雕塑。在彩塑中，除了雕塑技巧的运用，最后的彩绘工序也是十分重要，俗话说"三分塑，七分彩"，彩绘可以将精气神精密而凝练地灌注在塑像中。莫高窟所存的精彩雕塑无不是塑绘高度结合的产物。

七

除了洞窟内的图像绘制与彩塑，窟外往往也要进行洞窟前木构建筑及栈道的修造工作，这就是木匠师傅的任务了。今天我们在崖壁上看到的一排或大或小的桩孔，便提示人们当年曾经以这些桩孔中的木桩为支撑着力点，进行过木构建筑工作。尽管这些窟外的建筑与栈道构造已多次变迁，但其当年所发挥的实际作用却是至关重要的。

存于莫高窟的《大唐陇西李府君修功德记》碑文曾这样描述初唐时莫高窟的崖面："尔其檐飞雁翅，砌盘龙鳞；云雾生于户牖，雷霆走于阶陛。左豁平陆，目极远山；前流长河，波映重阁。"《大唐宗子陇西李氏再修功德记》碑文也写道："于是乃募良工，仿其杞梓，贸材运斫，百堵俄成……未及星环，斯构矗立。雕檐化出，巍峨不让于龙宫；悬阁重轩，晓万层于日际。"这些文句呈现出莫高窟整体外观的雄奇伟岸，"圣灯时照，一川星明"，竭诚营建与瞻礼的人们所持的灯火映照在窟前流淌的宕泉长河之中，宛若星辰，他们共同缔造了这片洪荒大地上的奇迹。

7 矿物类颜料的矿石与研磨而成的颜料，随着研磨颗粒的细化，颜料的色泽也逐渐变浅，以此形成色彩的明度变化。

8 莫高窟北魏第260窟内南壁，同一个画面人物，却显现出巨大的色彩差别。因为当年用含铅的颜料绘制肌肤，当绘制完成一段时间后，画面的一部分曾长期被覆盖，较少接触空气及光照，故也维持了原貌。而暴露在空气中的那部分含铅的颜料，则已由鲜明的肌肤肉色褪转为灰色。

9 洞窟的外观，尽管经过现代维修加固，但从层层叠叠的洞窟还可以想见当年栈道勾连、香火缭绕时的繁华与壮观。

10 这尊唐代的雕塑生动地呈现了匠师制作的步骤，用木头搭建雕塑的骨骼。

（附录二）
《舍身饲虎》的颜料分析

关于敦煌壁画的最初颜色，
一直是很多艺术爱好者
关心的话题。
由于时间的侵蚀，
我们今天看到的
很多敦煌壁画已经是
变色之后的结果了。
不过，
基于现代的检测技术，
研究人员已可以大体测定
画面的颜料成分，
虽然尚无法更精确地
了解这些颜色当年的
微妙色相、明度及冷暖程度，
但这已使我们距零深入地
认知这些壁画的原貌
又近了一步。

❶ 本调查承敦煌研究院保护研究所所长苏伯民、樊再轩、于宗仁、柴勃隆、李娜、崔强、张文元等诸位研究员同仁的支持，进行了X荧光衍射检测、拉曼光谱仪测定、高倍显微电镜观察、多光谱观测等科学分析，特致谢忱。
❷ 关于敦煌壁画中色彩变化的复杂性与交互关联的个案研究，请参见苏伯民、胡之德、李最雄：《敦煌壁画中混合红色颜料的稳定性研究》，载于《敦煌研究》1996年第3期。
❸ 有关敦煌及新疆地区壁画颜料的研究，请参见 [美] 罗瑟福·盖特斯撰，江致勤、王进玉译《中国颜料的初步研究》，载于《敦煌研究》1987年第1期。
❹ 关于北朝早期莫高窟壁画颜料的性状较为完备的分析，请参见樊锦诗、蔡伟堂、黄文昆编：《莫高窟第266—275窟考古报告》，《莫高窟早期三窟壁画和彩塑制作材料分析》，《敦煌石窟全集》第一卷，第343—366页，北京：文物出版社，2011年。

借手持式x荧光衍射仪，❶ 我们有机会检测了《舍身饲虎》画面颜料的主要成分。画面中非常稳定的是白色与蓝色的部分。白色部分，例如白塔，有大量的钙的峰值被检出，证实了这里是由含钙的白垩或石膏颜料所绘制，而白垩及石膏是稳定的矿物颜料，几乎不会发生变色。画面中蓝色的部分由两种稳定的颜料组成，其中色泽较浅的蓝色以含铜为主，是石青的成分；色泽较深的部分以含钠的青金石为颜料成分。青金石是一种宝石级的矿物，在中国本土没有矿藏，只在阿富汗有优质的矿藏出产，通过商队跨越帕米尔高原输入中国。画面中方寸之间晶莹而深沉的恒久之蓝，既是精神表达的载体，也是人类文明交流与传播的见证。画中蓝、白色的分布与当年画师绘成时的效果相比无太大变化。

萨埵观虎时，他左手边的王兄，身着红色的裙子，在裙子基底下有白色的地仗部分也显露出来了，这又是另一种情形。画师当年在绘制时，为了突出色彩的鲜明性，往往会在蓝色与红色之下先绘以白色。这样，当蓝色与红色绘在白色的基底之上后，其反射度会高于直接绘制在土色的地仗之上，因而使得色彩更纯净明亮。但在本画面中，这种地仗底色大面积露出的部分唯此一处。

画面中棕红色的部分主要能检测到三种成分：

1. **铅**：画中人物的皮肤及衣裙部分显示出较强的铅的峰值，据此可以推测当时画师是使用铅丹来绘制的，铅丹的本色为红色，但较易在空气中氧化变暗乃至变黑，今天我们看到的众人的肤色应该就是黯淡化进程的结果。整个画面中各个人物的色彩并不一致，例如母亲怀中的萨埵肤色便比较明亮，而画面左下角悲悼的人群则肤色黯黯。问题的复杂之处在于，我们尚无法简单判断各位人物肤色的不同，有多少是当时画师艺术处理的因素，又有多少是变色造成的差异，或者两者兼而有之。❷

2. **砷**：画中的几处重颜色，例如几位人物的裙子、众虎的身体、群山，在检测仪的扫描下显示出强烈的砷的峰值，而砷的出现通常说明应用了黄色系的颜料，例如雄黄及雌黄。这提示我们，当初这些重色有可能是更加偏黄的色彩，而含砷颜料变色后往往呈现深紫褐色的色彩倾向。这些含砷的矿物颜料，研究者认为来自于波斯帝国，❸ 若的确如此，那么一铺壁画的材料之中，就囊括了兴都库什山脉的寒冽与中亚平原的热风，真可谓"一沙一世界"。

3. **汞**：汞元素是朱砂颜料的主要成分，艳丽稳重的红色朱砂颜料也是敦煌壁画中不可或缺的色彩。画面中部分背景及衣着显示出汞的峰值，或呈现汞与其他元素的共存，例如画面中间举手发愿的萨埵的长袍，便检测到汞与铅的峰值并存。当年画师可能是用多次叠加的方式

1 使用手持式X荧光衍射仪在《舍身饲虎》图前进行测量,峰值显示父母悲悼萨埵的局部中,母亲裙子部分的蓝色颜料以含铜的颜料为主。

2 通过色标比对、认知洞窟中的色彩属性。

3 通过手持式X荧光衍射仪并结合拉曼光谱测定的数据对《舍身饲虎》壁画颜料成分的初步标示。

来绘制这袭长袍,利用朱砂与铅丹的色彩差异取得视觉效果的丰富性。

综上所测,今日所见画面整体的红棕色调在当初可能更加鲜明,色彩的对比度更强。随着检测技术与综合研究的深入,❹如果有朝一日能够还原当年新鲜落成时的壁画场景,将是一件令人激动的事情。而从现有的情况看来,尽管画面有部分变色存在,但形象造型依然保存完好,不会对视觉运行之"势"产生太大干扰,通过造型语言来深入揣摩古代画师匠心的尝试是充分可行的。

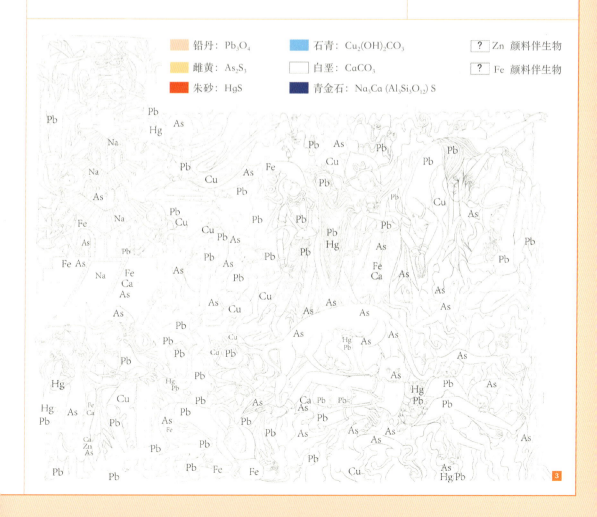

铅丹:Pb_3O_4　石青:$Cu_2(OH)_2CO_3$　Zn 颜料伴生物
雌黄:As_2S_3　白垩:$CaCO_3$　Fe 颜料伴生物
朱砂:HgS　青金石:$Na_3Ca(Al_3Si_3O_{12})S$

后 记

北魏与莫高窟是两个遥远得有些让人恍惚的词。如果在某个晴朗的上午开始读这本书，那么无论身处何方，都不妨愉快地想象一下：我们从照在书本上的阳光追溯到亮闪闪的太阳，那太阳有一部分光透过云朵、沙漠的浮尘和白杨树梢，照在敦煌莫高窟的254窟前，然后透过石窟的门口与明窗，阳光会将这个大约一千五百多年前开凿于北魏的佛教石窟照得亮堂堂的，而我们，本书的作者，正在254窟中一边临摹，一边将我们的感受跟大家讲述。

作为美术工作者，最初，我们也久闻这座石窟的盛名，看到印刷品会觉得有某种感触，但对于它究竟好在哪里并没有更深入的认识，也无法明确地说出来。其实，这些年来，到敦煌的游客达到每年近一百余万人，敦煌作为一个历时逾千年、跨越十个朝代、未曾中断的艺术宝库，它的整体精彩纷呈，但也相当庞大、复杂。最让我们感动的是，历经辛苦的参观者得到良好的讲解与观看体验后，他们眼神中所焕发出的光彩。这光彩表明了他们审美的喜悦，也标志着他们在漫长的历史过往中找到了属于当下自我的文化感受与温度。这种文化喜悦感的力量是无穷的。如何让观众跨越茫漠的时间与观看条件的限制，增进对莫高窟这一宝贵文化遗产的了解，是我们不断思考与努力的方向。

我们不希望用流于空洞的溢美之词来形容这座石窟，我们希望从最初感动我们的情感与线索入手，与观众一同去深入认识这其中所包含的匠心与具体的艺术技巧。而获得这些认识的主要途径就是通过对壁的临摹，在尽可能地接近这十五个世纪前的作品时，去细微地观察与体验它。

254窟的舍身饲虎、降魔成道、割肉贸鸽以及其他图像，前未见于古人，后不见于来者。其中丰富的表现技巧与深邃的佛教思考的结合，如同绚烂的烟花，映照时又归于漫长的沉默。"江畔何人初见月，江月何年初

（左页图）
254窟中的掌印

照人？"其间那些复杂的因缘，刹那的妙思，又岂是千年之后的我们所能全部了解的？我们所能做的，唯有在面对这让我们感动的先辈遗产时，尽可能深入细致地分析与思考，期望可以沟通这漫长的时空，并带来些许启发。

　　本书的写作，也是我们围绕敦煌石窟艺术经典进行研究与阐释，不断学习与成长的过程。记得在本书写作最胶着的过程中，曾经梦到在费力攀爬一座山，灌木莽莽，难窥全貌，而今在各方贤能的助缘下，终于可以超越自我学识的羁绊，完成一个阶段的旅程，体验到一种由衷的喜悦。诚如前辈师长所言，把生命和历史、艺术联结在一起是最幸福的事情。要感谢太多先生与同仁的指导和帮助：袁运生先生引导我们与敦煌的古老文明建立最初的联结；樊锦诗、马世长、孙晓林先生始终在精神与生活层面给予无私关怀，鞭策我们不断前行；刘涛、郑岩、杭侃、李美贤、李静杰、胡锤、祁庆国、武艺先生围绕壁画阐释工作提供了很多宝贵建议；刘宁、舒炜先生为本书的形成创造了机缘；敦煌研究院的王旭东、赵声良、张先堂等先生给予敦煌艺术经典阐释工作大力支持与悉心指导；美术研究所侯黎明先生、敦煌石窟文物保护研究陈列中心娄婕先生、文物数字化研究所吴健先生、考古研究所王惠民先生、保护研究所苏伯明先生，还有敦煌志愿者黄苑薇、凌振华伉俪及各界同仁，在阐释研究、高精度数字影像、壁画颜料技术分析及科技辅助观测、翻译等方面均给予了慷慨协助。还要感谢一路相伴的朋友们，有了责任编辑杨乐的全力投入，艺术家郝强的造型指导，美编李猛及其团队的精心设计，以及国栋、魏正中、郭峰、杨力、张泉、夏楠、孙海涛、牛源、陈瑾、宏梅等好友的建议直言，本书才得以顺利完成，谨此致谢。

本书第一、二、六章为陈海涛执笔；第三、四、五章为陈琦执笔。书中实物图片由敦煌研究院文物数字化研究所的同仁团队采集制作，其中文物数字化研究所参与人员：吴健、俞天秀、丁小胜、余生吉、赵良、丁晓宏、田志华、李小玲、安慧莉、王江子、许丽鹏、詹敦燕；甘肃恒真数字化文化科技有限公司参与人员：刘建国、曾小伟、张伟、刘志洋、赵荣、张海鹏、赵婷、年海丽、王海文、范俊杰、高珊、年海霞、杜远鹏、万磊、吕尧、朱旭、冯石。敦煌石窟全景图由董希文先生绘制，254窟测绘图由孙儒僩先生绘制，壁画线描图由陈琦、陈海涛绘制，图案等线描图由陈菲绘制，三维效果图由朱筱制作，地图由杨东海、解放绘制，外景由陈海涛拍摄。

Copyright © 2017 by SDX Joint Publishing Company.
All Rights Reserved.

本作品版权由生活・读书・新知三联书店所有。
未经许可,不得翻印。

图书在版编目(CIP)数据

图说敦煌二五四窟 / 陈海涛,陈琦著. —北京:
生活・读书・新知三联书店,2017.11 (2024.9 重印)
ISBN 978-7-108-06027-3

Ⅰ.①图… Ⅱ.①陈…②陈… Ⅲ.①敦煌石窟-
壁画-图集 Ⅳ.① K879.412

中国版本图书馆 CIP 数据核字(2017)第 167687 号

责任编辑	杨　乐
助理编辑	钟　韵
装帧设计	李猛工作室
设计协力	杜英敏　杨东海
责任校对	夏　天
责任印制	卢　岳
出版发行	生活・讀書・新知 三联书店 北京市东城区美术馆东街 22 号　100010
网　　址	www.sdxjpc.com
经　　销	新华书店
印　　刷	天津裕同印刷有限公司
版　　次	2017 年 11 月北京第 1 版 2024 年 9 月北京第 10 次印刷
开　　本	720 毫米 × 1020 毫米 1/16　印张 15.5
字　　数	100 千字　图 385 幅
印　　数	55,001 – 60,000 册
定　　价	96.00 元

印装查询 010-64002715　邮购查询 010-84010542